Lenguaje corporal

Un sistema rápido y sencillo

Lenguaje corporal

Un sistema rápido y sencillo

Richard Webster

Grupo Editorial Tomo, S.A. de C.V.
Nicolás San Juan 1043
03100 México, D.F.

1a. edición, noviembre 2015.

Traducido de:
Body Language. Quick & Easy
Copyright © 2014 Por Richard Webster
Publicado por Llewellyn Publications
Woodbury, MN 55125, U.S.A.
www.llewellyn.com

© 2015, Grupo Editorial Tomo, S. A. de C. V.
Nicolás San Juan 1043, Col. Del Valle
03100 México, D. F.
Tels. 5575-6615, 5575-8701 y 5575-0186
Fax. 5575-6695
www.grupotomo.com.mx
ISBN-13: 978-607-415-754-3
Miembro de la Cámara Nacional
de la Industria Editorial No. 2961

Traducción: Francisco Emrick V.
Diseño de portada: Karla Silva
Formación tipográfica: Francisco Miguel M.
Supervisor de producción: Leonardo Figueroa

Este libro se publicó conforme al contrato establecido entre
Llewellyn Publications y *Grupo Editorial Tomo, S. A. de C. V.*

Impreso en México - *Printed in Mexico*

Este libro está dedicado a las maravillosas personas de Llewellyn, actuales y pasadas. Les estoy muy agradecido por toda su ayuda, guía y apoyo durante 50 libros. Gracias por lograr que esto sucediera.

Contenido

Así como la lengua le habla al oído,
así el gesto le habla al ojo.
—Rey Jacobo I

Introducción

Todos nosotros nos comunicamos unos con otros en una diversidad de formas. Hablar es la más obvia, y las palabras, escritas o habladas, son extremadamente importantes. El tono de voz que utilizamos también se puede interpretar. También nos comunicamos en silencio con otros usando nuestros cuerpos y expresiones faciales. La manera en que permanecemos de pie, nos movemos, nos sentamos y cómo gesticulamos puede ser interpretada por otras personas y, como resultado, ellos deciden lo que piensan acerca de nosotros.

Te comunicas con otras personas mucho antes de que puedas decir una sola palabra. En realidad, es mucho muy probable que hayas controlado e influenciado a tus padres y a otras personas importantes en tu vida, con tus habilidades innatas de comunicación sin palabras casi desde el momento en que naciste. Por consiguiente, eras un experto en lenguaje corporal mucho antes de que aprendieras a hablar.

Imagina que te encuentras en una reunión social y conoces a varias personas por primera vez. Una de ellas mira por encima de tu hombro mientras le hablas y casi no te mira. Otra persona establece un buen contacto visual, sonríe con frecuencia y mueve su cabeza cada vez que hablas. ¿Cuál de ellas está interesada en ti? El interés de una y el desinterés de la otra son obvios, no obstante, es probable que ninguna haya estado consciente de lo que su lenguaje corporal comunicaba, a menos que una de ellas estuviera siendo deliberadamente desatenta.

Constantemente revelamos información acerca de nosotros mismos de una forma que no necesita utilizar palabras. A los pocos segundos de conocer a alguien ya hemos tomado decisiones acerca de esta persona con base en su expresión facial y su lenguaje corporal. La manera en que se mantiene de pie, sostiene su cabeza y coloca sus brazos y piernas revela sus pensamientos, sentimientos y emociones con mayor claridad que cualquier cantidad de palabras.

Desde luego, las personas pueden hacer gestos falsos en un intento por encubrir cómo se sienten realmente. Sin embargo, estos no son 100% eficaces y debido a un fenómeno conocido como "filtración" nuestros sentimientos verdaderos todavía serán visibles para cualquiera que conozca qué buscar. Algunos de los elementos del gesto faltarán, mientras que nuestros sentimientos verdaderos se "filtrarán" a través de la apariencia fingida que tratamos de crear.

Un ejemplo común de esto es la sonrisa falsa que las personas exhiben para demostrarles a los demás que están contentos. Una sonrisa genuina involucra los ojos al igual que la boca. Debido a que una sonrisa falsa no involucra los ojos, es sencillo reconocerla. Como la mayoría de las personas, he dicho "estoy bien", cuando en realidad sentía lo opuesto. A pesar de las palabras, y el intento por parecer como si no hubiese ningún problema, mis sentimientos verdaderos habrían sido visibles a cualquier estudiante de lenguaje corporal. En fecha reciente, alguien me aseguró que tenía mucho tiempo disponible, pero mientras decía esto sus dedos tamborilearon en el escritorio.

Este libro está dividido en dos partes. La primera parte está dedicada al arte del lenguaje corporal. En esta sección se revisan de forma individual varios gestos. El primer capítulo abarca las diversas formas de comunicación sin palabras que se pueden llevar a cabo con la cabeza y el rostro. Los capítulos dos y tres abarcan el resto del cuerpo, desde el cuello hasta los pies.

La segunda parte muestra cómo puedes utilizar esta información en tu vida diaria. Descubrirás cómo usar el lenguaje corporal para causar una buena primera impresión, conseguir la simpatía de otras personas y lograr identificarte con ellas. Esta parte incluye capítulos que te ayudarán a usar las técnicas de comunicación sin palabras en tu vida profesional, en tu vida amorosa, así como para lograr tu mejoramiento personal. También aprenderás cómo reconocer el lenguaje corporal de las personas que mienten o que desean engañarte.

Parte uno

El arte del lenguaje corporal

Hablo dos idiomas: el inglés y el corporal.
—Mae West

Capítulo uno
El lenguaje corporal

Tu vida cambiará tan pronto como comiences a usar el lenguaje secreto de la comunicación sin palabras de forma consciente. Esto mejorará tu vida profesional y social e incrementará tu capacidad para tener mejores relaciones con todas las personas que conoces en tu vida diaria. Serás capaz de interpretar las señales del lenguaje corporal de otras personas con precisión y podrás usar esta información para interactuar y comunicarte, con mayor eficacia que antes, con todos aquellos con los que tratas. Descubrirás que el arte del lenguaje corporal es sencillo de aprender y que mejorará tu vida inmensamente.

En 1967, el profesor Albert Mehrabian, de la UCLA, llevó a cabo dos estudios muy innovadores respecto a los mensajes con palabras y sin palabras. Estos demostraron que 55% del significado proviene de la postura, el gesto y las expresiones faciales de las personas; 38% proviene del timbre, del tono y la velocidad de la voz de una persona y el 7% de las palabras empleadas. Dicho de otra manera, más del 90% de la comunicación proviene de señales que no emplean palabras.

Desde entonces, las personas han debatido sobre el porcentaje exacto de esto, pero sin importar qué cifras resulten ser verdaderas, todas estas personas están de acuerdo en que la inmensa mayoría de la comunicación se lleva a cabo en silencio mediante el lenguaje corporal. El habla es una forma excelente de transmitir información. No obstante, son nuestros cuerpos los que transmiten nuestros estados de ánimo y sentimientos.

El profesor Mehrabian cree que los tres elementos de comunicación son el verbal, el vocal y el visual (las "3 Vs"). Todas estas tres necesitan ser congruentes con el mensaje para creerse. Por ejemplo, si alguien dice, "me agradas", pero establece poco contacto con los ojos y no tiene entusiasmo en su voz, la persona que escucha esas palabras confiará en los aspectos de la comunicación que no son verbales, en lugar de las palabras.

Infortunadamente, las conclusiones del profesor Mehrabian han sido malinterpretadas por personas que pensaron que los porcentajes se relacionaban a todas las comunicaciones interpersonales. Es importante recordar que el profesor Mehrabian no afirmaba que estos porcentajes eran válidos en todas las comunicaciones de persona a persona. Sus experimentos investigaron las comunicaciones que implicaban sentimientos y actitudes.

La mayoría de las personas va por la vida completamente inconsciente de la información silenciosa que recibe y envía todos los días. Se ha comprobado que las personas con más éxito en cualquier área son aquellas con mayor capacidad de captar e interpretar las señales ocultas que todos revelan a los demás de manera inconsciente.

Algunas personas tienen una habilidad natural para conseguir identificarse con los demás. Nelson Mandela, (el estadista y promotor de la campaña contra la segregación racial y expresidente de Sudáfrica), era un ejemplo sorprendente. Durante sus más de 20 años en prisión, un gran número de sus guardianes se convirtieron en buenos amigos suyos debido a su carisma y su capacidad de identificarse con los demás. Nelson Mandela se mantuvo en contacto con tres de ellos después de que fue excarcelado.[1] La identificación entre dos personas es un entendimiento mutuo, armonioso y empático. Cuando utilizas el lenguaje corporal de forma apropiada la identificación ocurre de manera natural.

Comprender el lenguaje corporal es una destreza vital que mejorará tu vida de muchas formas. Además de ser capaz de interpretar las motivaciones ocultas de los demás, te volverás consciente de los mensajes que inconscientemente les envías a otras personas. Algunos de estos mensajes silenciosos serán positivos, pero quizá otros sean negativos. Una vez que te vuelvas consciente de los negativos, podrás concentrarte en ellos y eliminarlos de manera gradual.

El famoso actor de cine, Cary Grant (1904-1986) es un ejemplo excelente de alguien que de forma deliberada alteró su lenguaje corporal para crear la imagen que deseaba. Él dijo: "Pretendo ser alguien que deseo ser, hasta que finalmente me convierto en esa persona".[2] Esta es una buena técnica. Si elaboras una lista de las cualidades que te gustaría tener, entonces puedes concentrarte en ellas hasta que se conviertan en una parte natural de tu vida. Si lo prefieres, tú puedes modelarte a ti mismo con las cualidades poseídas por personas que admiras.

Un buen amigo mío solía tocarse la nariz constantemente cuando conversaba con otras personas. Esto enviaba de forma inconsciente un mensaje a los demás de que podría no estar diciendo la verdad, cuando en realidad solo era un mal hábito ocasionado por inseguridades adquiridas en la infancia. Una vez que se volvió consciente de lo que hacía pudo lograr corregirlo.

Mi primera experiencia con el lenguaje corporal ocurrió a la edad de 20 años, cuando pasé tres meses trabajando en un matadero de animales. Me encontraba ahí para conseguir dinero suficiente para viajar de Nueva Zelanda al Reino Unido. En esa época, en la década de 1960, un gran número de personas de las Islas del Pacífico emigraron a Nueva Zelanda en busca de oportunidades de trabajo. Muchas de ellas encontraron trabajo en el matadero de animales. Por desgracia, los supervisores descubrieron que les resultaba extremadamente difícil tratar con ellos. Cuando los corregían por hacer algo erróneo, en lugar de disculparse o mostrarse arrepentidos, todos ellos miraban al suelo y soltaban una risita. Esto enfurecía a los supervisores, quienes sentían que el trabajador no consideraba con suficiente seriedad el regaño.

Casi al mismo tiempo que ocurría esto, el gerente de reclutamiento de personal también tenía problemas para conseguir trabajadores nuevos. Cuando estos hombres acudieron a su oficina para ser entrevistados, no miraban a los ojos, miraban fijamente al suelo y se sentaron de inmediato, incluso cuando el gerente todavía estaba de pie.

Los directivos de la empresa se interesaron en esto y después de un tiempo descubrieron que estos hombres se comportaban en la forma que se les había enseñado en su país. Mirar al suelo y reírse era una señal de estar avergonzado. Entrar en la oficina de alguien y sentarse de inmediato era una señal de respeto, ya que la persona se colocaba en un nivel inferior que el entrevistador. Mirar al piso y no establecer contacto visual también era una señal de respeto.

Una vez que todos comprendieron el lenguaje corporal de los hombres de las Islas del Pacífico los problemas desaparecieron. Pueden ocurrir dificultades de este tipo cuando visitas un país extranjero.

Deberías estudiar el lenguaje corporal si:

- Deseas conseguir identificarte con otros.
- Deseas comprender mejor a otros.
- Deseas crear una impresión positiva.
- Deseas promoverte en situaciones potencialmente difíciles, como una entrevista de trabajo.
- Deseas tener más confianza en ti mismo.
- Deseas tranquilizar a otros.

- Deseas mejorar las relaciones con tus colegas.
- Deseas crear relaciones más íntimas y cariñosas.
- Deseas persuadir e influenciar a otros.
- Deseas comprender las motivaciones de otros.
- Deseas comunicarte con mayor eficacia.
- Deseas que las personas te respondan más favorablemente.
- Tienes que tratar con los medios de comunicación.
- Deseas progresar en la vida.
- Deseas saber lo que los políticos y las celebridades dicen realmente cuando aparecen en televisión.

Según desarrolles tus habilidades respecto al lenguaje corporal notarás gestos y otras señales que antes no podías ver. Además, estarás más consciente de tu propio lenguaje corporal y podrás ser capaz de alterarlo para enviar las señales que deseas que otras personas vean. Efectuar estos cambios incrementará tu eficacia en cada tipo de situación. Al llevar a cabo esto, estarás más consciente de lo que estás haciendo. Hasta ahora, es muy posible que hayas hecho todo lo anterior de manera inconsciente.

También te volverás más consciente del comportamiento diario de las personas. Esto se conoce como comportamiento base. Cuando sabes cómo actúa alguien comúnmente, de inmediato te das cuenta de cualquier cambio en su comunicación sin palabras. Un amigo mío disfruta observando comediantes en vivo, pero rara vez reacciona a algo que dice o hace el comediante. Un rostro inexpresivo es su comportamiento base. Si acaso sonríe durante un espectáculo, esto es una señal de que se divierte en extremo. Si lo llegas a ver en un espectáculo y no sabes cuál es su comportamiento base, piensas que no está disfrutando del mismo, aun cuando esté disfrutando al máximo cada minuto.

Debes observar todos los gestos que alguien hace para precisar lo que su lenguaje corporal indica. Si alguien se toca su nariz mientras habla contigo, quizá podría estar diciendo una mentira, o quizá solamente tenga comezón en la nariz. Necesitas observar otras pistas del lenguaje corporal para determinar lo que verdaderamente es el mensaje. Un grupo de gestos se conoce como un "clúster".

También comenzarás a notar "microexpresiones", que son breves cambios rápidos que cruzan el rostro de la persona en una fracción de segundo. Estas filtraciones son casi imposibles de controlar y claramente te dicen los sentimientos reales de la persona.

Mediante el empleo de un sistema conocido como "imitación", podrás establecer y mantener con más facilidad una buena identificación con otras personas. Esta es una técnica que implica igualar y reflejar de vuelta algunos de los gestos y posturas de la otra persona.

Si no eres un ermitaño y tienes cualquier clase de trato con otras personas, te será de provecho conocer todo lo que puedas acerca del lenguaje corporal.

El lenguaje corporal, como su nombre lo indica, está relacionado con todo el cuerpo y no solo con el rostro. De hecho, como el rostro es la parte del cuerpo que resulta más sencillo controlar de forma consciente, muchas personas creen que se pueden obtener resultados más precisos al concentrarse en el resto del cuerpo. Esto se debe a que es más factible que el resto del cuerpo sea más honesto que las expresiones faciales, las cuales se pueden manipular con facilidad.

Si estás intentando ocultar tus sentimientos verdaderos podrías sonreír y asentir con tu cabeza y pensar que engañas a todos. Sin embargo, tu cuerpo podría estar traicionándote, ya que responde a tus pensamientos y sentimientos más profundos.

En 1996, un grupo de neurofisiólogos de la Universidad de Parma hicieron un enorme descubrimiento en neurología al encontrar células cerebrales desconocidas previamente a las que llamaron "neuronas espejo". Las neuronas espejo controlan los músculos y, en consecuencia, cómo se mueve el cuerpo. Estas células cerebrales funcionan no solo cuando ejecutamos una acción, sino también cuando parece que alguien más va a ejecutar una acción. Este es el motivo por el cual tus brazos y piernas en ocasiones se mueven cuando estás concentrado en un juego de futbol. Los entrenadores deportivos muestran a sus equipos filmaciones de sus juegos anteriores ya que saben que las innumerables células espejo causarán que los cuerpos de los jugadores reaccionen.

Las neuronas espejo explican la razón de que veamos a alguien bostezar y entonces bostecemos. Los programas cómicos de la televisión utilizan grabaciones de risas para motivarnos a reír en respuesta. Somos atraídos naturalmente hacia las personas que son positivas y están llenas de energía, ya que nuestras neuronas espejo también nos hacen sentir positivos y llenos de energía.[3] Las neuronas espejo también nos permiten identificarnos con otras personas, ya que experimentamos una respuesta emotiva a sus momentos de altibajos emocionales.

Algunas personas por naturaleza son buenas para captar las señales sin palabras sutiles enviadas por otras personas debido a que sus neuronas espejo reaccionan instantáneamente a ellas. Esto parece ser algo casi intuitivo y es natural que estas personas se adecúen a cualquier tipo de situación. No obstante, esta es una habilidad que cualquiera puede aprender. Conforme tus habilidades del lenguaje personal se desarrollan, encontrarás que tus neuronas espejo comenzarán también a proporcionarte información de forma instantánea.

La mayoría de las personas van por la vida felices en la inconciencia de los mensajes sin palabras que están comunicando donde quiera que van. Estas personas son fáciles de analizar ya que no intentan ocultar nada. No obstante, algunas personas estudian y utilizan el lenguaje corporal para ayudarse a lograr sus metas. Los vendedores, los gerentes, los políticos y los artistas del fraude son buenos ejemplos. Otras personas, como los sicólogos y los antropólogos, también estudian el lenguaje corporal por sus propias razones.

¡Al diablo, al diablo con ella!
Hay lenguaje en su ojo, su mejilla, su labio;
Más aún, su pie habla; su espíritu inmoral mira afuera
en cada articulación y motivo de su cuerpo.
William Shakespeare (*Troilo y Crésida*, Acto IV, Escena V)

Capítulo dos

Comenzando por la parte de arriba

La cabeza y el rostro desempeñan una función extremadamente importante en el lenguaje corporal. Tú tienes la habilidad de leer las expresiones en el rostro de un extraño desde unos 50 metros de distancia. Cada vez que las personas interactúan, sus expresiones faciales cambian para reflejar lo que están hablando. Sus cabezas también se mueven en una diversidad de formas que reflejan sus pensamientos, actitudes y sentimientos. Estos gestos y movimientos inconscientes son fáciles de observar y las interpretaciones de las diferentes expresiones faciales son prácticamente las mismas en todo el mundo.

Además, cuando hablamos con alguien dedicamos la mayor parte de nuestra atención a su rostro. De forma automática ajustamos nuestras conversaciones de acuerdo con las expresiones en el rostro de la persona, ya que estamos leyendo las expresiones faciales todo el tiempo.

Recientemente, me topé con alguien a quien no había visto en muchos años. Nos tomamos una taza de café, mientras platicábamos para ponernos al día sobre lo que habíamos hecho desde la última vez que estuvimos juntos. Él me preguntó cómo era mi esposa y le conté sobre lo que ella hacía. Después de eso, estaba a punto de preguntarle por su esposa pero observé una breve expresión de tristeza que cruzaba su rostro. Esta era una microexpresión, que es un gesto muy distintivo que aparece y se va en una fracción de segundo. Él sabía que iba a preguntarle acerca de su esposa y su microexpresión involuntaria se anticipó a mi pregunta. Si no hubiese estado mirando su rostro en ese preciso momento, no la hubiese notado. En lugar de hacerle la pregunta, le pregunté sobre algo diferente. Más adelante en la conversación, me contó que su esposa y él se habían separado en fecha reciente y que todavía intentaba superar esta situación.

Algunas infortunadas personas son incapaces de hacer expresiones faciales involuntarias. Algunas víctimas de embolias sufren de parálisis de un lado de su rostro. Los enfermos del mal de Parkinson solamente pueden efectuar un número limitado de expresiones faciales involuntarias, a pesar de que pueden hacerlas voluntariamente cuando desean.[1] La incapacidad de efectuar las expresiones faciales apropiadas ocasiona que muchas personas se vuelvan solitarias y se alejen de la sociedad.

La cabeza

La manera en que sostienes tu cabeza puede indicar interés, agresión, enojo, superioridad, poder, sumisión y aburrimiento. Si sostienes tu cabeza en alto y ligeramente hacia atrás, puedes parecer engreído y arrogante. Si sostienes tu cabeza en alto y tu mentón hacia delante, parecerás agresivo y beligerante.

Bajar la cabeza puede ser una señal de cansancio, sumisión, preocupación, derrota, pérdida o vergüenza. También puede indicar rechazo de las ideas de la otra persona.

Los movimientos de cabeza pueden indicar mucho más que sí y no. Se pueden usar para enfatizar o subrayar la palabra hablada. Pueden hacerle señas a una persona, en una situación cuando quizá no quieras llamarla en voz alta. Un breve movimiento de la cabeza hacia arriba se puede utilizar como una señal de reconocimiento, y asentir con la cabeza puede indicar acuerdo, aprobación y aliento.

Si la cabeza de alguien de repente da un tirón hacia atrás, esta es una señal de que está impresionado o sorprendido por algo que vio o escuchó.

En casi todos los lugares del mundo, un movimiento arriba y abajo con la cabeza es una señal de asentir. Sin embargo, en algunos lugares esto puede indicar un "no". Los países donde asentir con la cabeza significa "no" incluyen: Bulgaria, Serbia, Turquía, Montenegro, Eslovenia, Irán y algunas partes de Grecia.[2]

Asentir con tu cabeza durante una conversación alienta al hablante a continuar hablando. Esto le dice a la persona que escuchas lo que está diciendo y también le dice que estás contento de seguir escuchando. Si dejas de asentir con tu cabeza, la persona que habla pensará que has perdido el interés y dejará de hablar.

Asentir con la cabeza de forma rápida muestra que la persona que escucha es consciente de la urgencia de la situación o que desea hablar.

Asentir con la cabeza de forma lenta muestra que el oyente no está totalmente de acuerdo con lo que el hablante le dice. Cuando asientes con tu cabeza estando de acuerdo con alguien, comienza con el movimiento inclinando tu cabeza hacia arriba, en lugar de hacerlo hacia abajo.

Asentir con la cabeza de forma vigorosa es una señal de impaciencia. La persona que hace el movimiento ha escuchado suficiente y desea que el hablante pare de hablar.

Si alguien asiente con la cabeza de manera constante mientras habla, es una señal de que la persona subconscientemente desea que estés de acuerdo con lo que dice. Debido a esto, en ocasiones puede ser un indicador de que la persona miente.

Los sentimientos reales de la gente se revelan si asiente con su cabeza cuando debería estarla sacudiendo de un lado a otro y viceversa. Si alguien dice, "te amo", y al mismo tiempo sacude su cabeza ligeramente, la sacudida de cabeza, más que las palabras, revelan la verdad.

Sacudir la cabeza significa desacuerdo. Sacudir la cabeza de forma rápida indica un desacuerdo importante. De vez en cuando, te encontrarás con alguien que sacude su cabeza ligeramente mientras habla con gran entusiasmo. Cuando esto ocurre, el sacudimiento de cabeza revela los verdaderos sentimientos de la persona, no importa qué entusiastas o positivas puedan ser sus palabras.

Una sola sacudida rápida de la cabeza es una acción deliberada para indicar sorpresa o asombro. Parece como si la información es tan sorprendente que la persona tiene que sacudir su cabeza para asegurarse de que no está soñando.

Las personas con frecuencia se sujetan la parte trasera de sus cabezas como respuesta a un desastre real o imaginario. Este es un gesto protector que proporciona consuelo y seguridad en un momento de estrés mayor. Puedes ver esto si observas a los aficionados a un equipo cuando se dan cuenta que van a perder el partido.

Es común que las personas inclinen sus cabezas a un lado cuando miran o escuchan algo que les interesa. Es una señal de interés moderado y amable y muestra que están escuchando. Una inclinación prolongada o más grande crea empatía.

La próxima ocasión en que estés consciente de que inclinas tu cabeza mientras le hablas o escuchas a alguien, observa si tu cabeza está inclinada a la derecha o a la izquierda. Si está inclinada a la derecha, te sentirás más abierto, ya que tienes acceso a la parte creativa de tu cerebro. Si tu cabeza se inclina a la izquierda, es posible que analices intelectualmente lo que se dice. Un estudio llevado a cabo en 2006, encontró que inclinar tu cabeza a

Sujetando la parte trasera de la cabeza

la derecha te hace parecer honesto y confiable, y que inclinar tu cabeza a la izquierda te hace parecer más atractivo.[3] Experimenta con inclinar tu cabeza al lado opuesto para experimentar los sentimientos diferentes que esto produce.

Las mujeres inclinan sus cabezas con mayor frecuencia que los hombres y esto puede ser en ocasiones una señal de coqueteo o frivolidad. En realidad, no es inusual que las personas hagan esto de forma deliberada cuando hablan con alguien que los atrae sexualmente.

Inclinar la cabeza expone una mayor parte del cuello y puede hacer que una mujer parezca ser vulnerable y necesitar protección. Puede ser una señal de confianza.

Debido a que una inclinación de cabeza es una señal de empatía, y no es un gesto amenazador, puede ser un instrumento útil para que los hombres lo usen en su lugar de trabajo. No obstante, las mujeres deberían evitar inclinar sus cabezas en el lugar de trabajo, ya que en ocasiones esto es considerado como un gesto sumiso.

Es una señal de crítica o desaprobación si la cabeza está inclinada hacia abajo en dirección a la otra persona.

Alguien que está pensando o evaluando algo puede presionar su mentón con el dedo pulgar y el índice. Alguien con barba puede presionarla o jalarla mientras evalúa algo.

Darse golpecitos en la sien o la frente con un dedo índice es una señal de que quien lo hace piensa que la otra persona está loca o ha dicho algo tan absurdo que la sola idea de esto parece una locura. Darse golpecitos en la cabeza también se usa como un insulto deliberado, que sugiere que la otra persona no posee la capacidad de pensar. Aunque parezca extraño, darse golpecitos en la cabeza en ocasiones puede significar lo opuesto. Si alguien ha dicho algo profundo, el oyente podría darse golpecitos en la cabeza para mostrar que reconoce la gran inteligencia del hablante.

A menudo, cuando las personas se dan cuenta que han hecho algo estúpido, se dan golpecitos o palmaditas en sus cabezas. Estos golpes se efectúan en un lado del rostro, la frente o la parte superior de la cabeza.

Las personas con frecuencia se rascan la cabeza cuando están intrigadas acerca de algo. Esto se debe a que sus cueros cabelludos comienzan a darles comezón cuando están perplejos o confundidos.

El cabello

La persona promedio tiene 100 000 cabellos en el cuero cabelludo. Las personas rubias tienen más cabellos en sus cabezas que las personas con cabello más oscuro. Las personas que se tocan, golpean o se acarician su cabello buscan consuelo subconscientemente. Cuando eran niños pequeños, un padre o algún otro ser querido, les dio palmaditas en su cabeza para proporcionar consuelo y amor. Dar palmadas en su cabello libera el estrés al proporcionar los mismos sentimientos de consuelo y apoyo.

Las personas que se retuercen el cabello pueden sufrir de ansiedad y estrés. Sin embargo, ya que este gesto puede ser habitual, el estrés puede haber ocurrido hace mucho tiempo. Un viejo amigo mío de la escuela solía retorcerse su cabello en el salón de clases cada vez que se sentía ansioso. Más de cincuenta años después todavía lo hace, pero ahora, la mayoría de las veces, no es más que un hábito arraigado mucho tiempo atrás.

Las mujeres en ocasiones de manera subconsciente se dan palmaditas o deslizan sus dedos en su cabello para mostrar su largo y su belleza cuando están en compañía de alguien que encuentran atractivo. A pesar de que esto por lo general se hace de manera subconsciente, algunas mujeres lo hacen deliberadamente para aumentar su atractivo sexual.

El rostro

Nuestros rostros, en particular nuestros ojos, son las partes más reveladoras de nuestros cuerpos. Se ha calculado que las personas efectúan más de 10 000 expresiones faciales diferentes. Debido a que el rostro es tan revelador, las personas tienden a creer lo que el rostro revela. Pero esto no siempre es una buena idea. Es posible poner un "rostro" que refleja lo que queremos que otras personas vean. Por ejemplo, si te sientes triste y abatido, puedes poner un rostro feliz que convencerá a algunas personas. No obstante, todavía es posible que te delates a través de tu voz y tus gestos.

Existen ocasiones en que tiene sentido ocultar tus emociones. Un jugador de póquer no desea que otras personas sientan su euforia al recibir una buena mano de cartas. Alguien que esperaba ganar un premio pero que no lo logró, disfrazaría sus sentimientos y aplaudiría al ganador. Si recibiste una mala noticia por teléfono, quizá podrías desear ocultar tus sentimientos si te encuentras en el trabajo o en una reunión social. No obstante, sin importar lo bien que hagas esto, las personas que te conocen sabrían que algo estaba mal. Quizá no puedan verlo en tu rostro, pero tus sentimientos verdaderos se revelarán como una "filtración".

Los actores son expertos en manipular sus expresiones faciales para expresar cualquier emoción requerida para el papel que interpretan. Los estafadores son otro ejemplo de personas que pueden crear cualquier expresión que deseen, dependiendo de la situación en que se encuentren.

Microexpresiones

Las microexpresiones son expresiones faciales involuntarias que aparecen en los rostros de las personas durante una fracción de segundo. Debido a que no pueden ser controladas, revelan la verdad subyacente de cómo se siente la persona. Una mujer puede estar sonriendo y decir lo feliz que es, pero si una microexpresión de tristeza cruza por su rostro, sus verdaderos sentimientos se revelarán. Las microexpresiones por lo general aparecen alrededor de los ojos y la boca.

Las principales emociones reveladas por las microexpresiones son: felicidad, tristeza, miedo, enojo, sorpresa, disgusto y desprecio. Las expresiones usan todos los músculos que están involucrados cuando estos sentimientos se expresan abiertamente, pero pueden durar solamente un veinticincoavo de segundo.

Muchas personas encuentran difícil captar las microexpresiones, lo cual explica por qué el fenómeno no fue documentado hasta 1966.[4] Una buena forma de practicar ver microexpresiones es observar videograbaciones de políticos y entrevistas de personas que pueden tener algo que ocultar.

Microexpresión de felicidad

La felicidad se expresa por una sonrisa rápida, arrugas en las esquinas exteriores de los ojos y ojos brillantes.

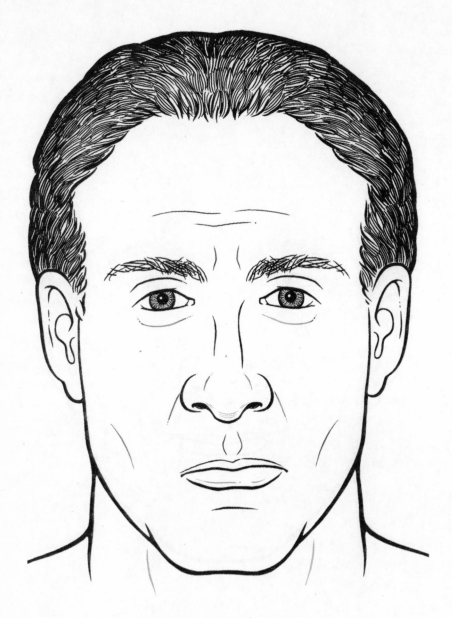

Microexpresión de tristeza

La tristeza se expresa mediante una frente arrugada, boca hacia abajo, ojos caídos y ceño fruncido.

Microexpresión de enojo

El enojo se revela por fosas nasales ensanchadas, una boca cerrada apretada con labios estrechos y ojos penetrantes.

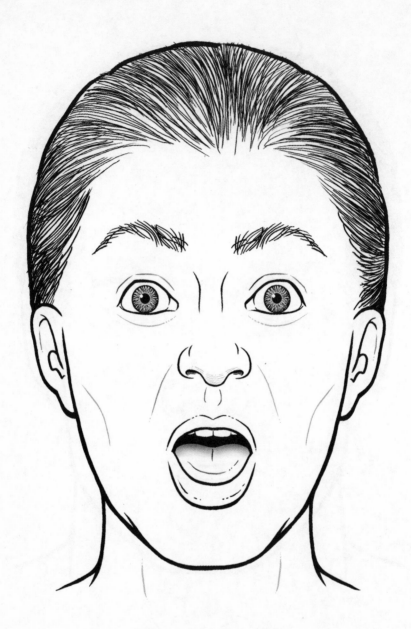

Microexpresión de sorpresa

La sorpresa se indica mediante unos ojos abiertos, cejas elevadas y una boca abierta y redondeada.

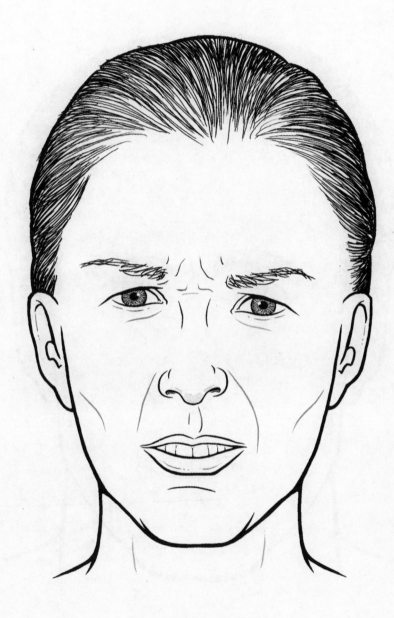

Microexpresión de disgusto

El disgusto se revela mediante una nariz fruncida, ojos estrechos y muecas faciales.

Microexpresión de desprecio

El desprecio se expresa mediante un labio superior enrollado que se levanta en un lado del rostro y un mentón elevado.

Las seis expresiones universales

En su libro, *La expresión de las emociones en hombres y animales*, publicado en 1872, Charles Darwin (1809-1882) afirmó que había seis expresiones faciales universales: sorpresa, felicidad, miedo, enojo, disgusto y tristeza. Estas son las mismas expresiones que pueden aparecer como microexpresiones en los rostros de las personas. La investigación de Darwin fue considerada controversial en su época, pero investigadores posteriores probaron que eran correctas. Debido a que estas expresiones se pueden interpretar con facilidad, las personas tienden a enmascararlas u ocultarlas en situaciones cuando no desean que se conozcan sus sentimientos verdaderos. Existen acciones características que acompañan a estos sentimientos.

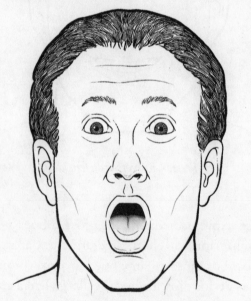

Expresión universal de sorpresa

Sorpresa

La sorpresa es una emoción que aparece de forma inesperada y desaparece con rapidez. La sorpresa se expresa mediante la frente, las cejas, los ojos, la boca y la mandíbula. La mandíbula se cae y se mantiene abierta, las cejas se elevan y se curvan, las líneas horizontales en la frente se arrugan y las áreas blancas de los ojos se vuelven visibles.

Expresión universal de felicidad

Felicidad

La felicidad se expresa mediante los ojos, la boca y las mejillas. Los párpados inferiores se elevan ligeramente y aparecen arrugas debajo de ellos. Los ojos brillan y pueden aparecer patas de gallo en las esquinas de los ojos. La boca se alarga hacia afuera y hacia arriba resaltando las líneas que corren desde un lado de la nariz hasta afuera de las esquinas de la boca. Estas líneas obligan a las mejillas a elevarse y a agrandarse hacia afuera. La mayor parte del tiempo, la boca se abrirá ligeramente para exponer los dientes superiores. Todo esto crea una sonrisa genuina y cariñosa.

Expresión universal de miedo

Miedo

El miedo se expresa mediante las cejas, la frente, los ojos y la boca. Las cejas se elevan y son jaladas al centro. Las líneas en la frente se vuelven más visibles y se arrugan parcialmente en el centro de la frente. Los párpados se elevan y exponen el área blanca de los ojos arriba del iris. Los labios se jalan hacia los lados en una línea horizontal. En ocasiones los labios se separan un poco.

Expresión universal de enojo

Enojo

El enojo se expresa mediante las cejas, los ojos, la boca y en ocasiones la nariz. Las cejas se mueven hacia adentro y hacia abajo, resaltando las líneas del ceño. Los párpados superiores e inferiores se cierran ligeramente para cerrar un poco los ojos, que lanzan una mirada directa y fría a aquello que causó el enojo. Los labios se comprimen y se dirigen hacia abajo ligeramente en las esquinas. En ocasiones las fosas nasales se ensanchan.

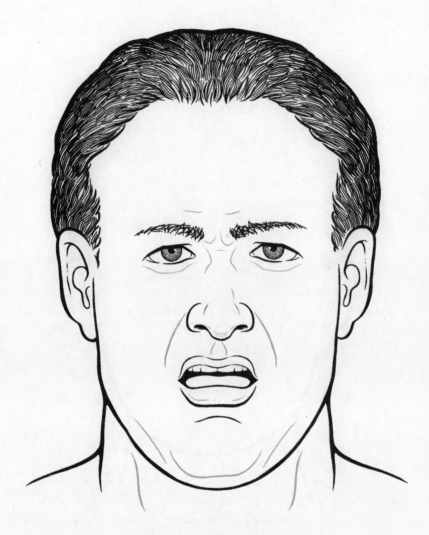

Expresión universal de disgusto

Disgusto

El disgusto se expresa por los ojos, la nariz, la boca y las mejillas. Los párpados inferiores se elevan y crean de inmediato finas líneas horizontales debajo de los ojos. La nariz se arruga, lo que ocasiona que las mejillas se eleven. El labio superior se curva y se eleva el centro.

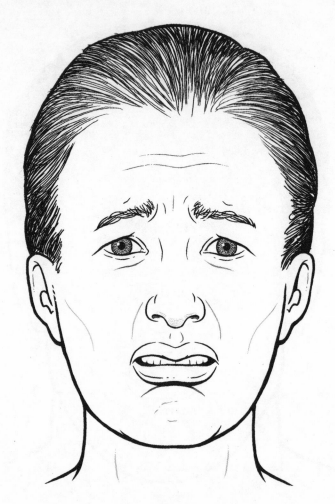

Expresión universal de tristeza

Tristeza

La tristeza se expresa mediante la boca, las cejas y la frente. La boca se afloja y se cae en cada esquina. En ocasiones los labios tiemblan. Los extremos internos de las cejas se elevan, resaltando las líneas del ceño y el centro de las líneas horizontales en la frente. Los párpados se caen y los ojos pueden llorar o parecer estar a punto de soltar las lágrimas.

La frente

Las líneas horizontales que cruzan la frente se elevan cuando la persona está sorprendida. También se elevan cuando alguien siente alegría de verte. En este caso, los ojos también se agrandan.

Cuando las personas sufren de estrés y tensión es probable que se froten sus sienes o frentes para aliviar el estrés. En ocasiones las venas se vuelven más visibles para indicar el grado de estrés en que se encuentra la persona.

Fruncimiento del ceño

Una frente fruncida no se puede interpretar sola, ya que es ocasionada cuando las personas están ansiosas, estresadas, molestas, enojadas o concentradas en una actividad. Alguien que corre apresurado porque está retrasado para una cita es posible que frunza el ceño, tal como lo haría un padre que está enojado con su hijo por llevar a la casa un reporte de mala conducta en la escuela. El contador de la empresa editorial para la que trabajé cuando salí de la escuela, tenía una línea del ceño extremadamente pronunciada ocasionada por concentrarse en muchas cifras durante periodos prolongados.

Las cejas

Las cejas son extremadamente expresivas. Los cuatro músculos que influencian las cejas les permiten crear un amplio rango de movimientos. Cuando alguien está sorprendido, ambas cejas se elevan y por lo general la boca se abre. Si solamente una ceja se eleva, la persona es escéptica acerca de algo. A algunas personas les resulta imposible alzar solo una ceja.

Las personas automáticamente bajan sus cejas cuando se sienten amenazadas. Esto se hace de forma instintiva para proteger los ojos. Cuando las personas se encuentran en una situación potencialmente peligrosa, sus mejillas también se elevan para proporcionar un máximo de protección para sus ojos.

Las cejas también se bajan cuando las personas se sienten enojadas o frustradas. El bajar las cejas se puede hacer de forma deliberada para intimidar y controlar a otros. Las personas que hacen esto por lo general fruncen el ceño y aprietan sus bocas al mismo tiempo.

El fruncimiento de ceño ocurre cuando las cejas se levantan y al mismo tiempo se mueven una hacia otra, creando las líneas del ceño. Esto también crea líneas horizontales a través de la frente. El fruncimiento de ceño es una señal de pesar, ansiedad y gran estrés.

La elevación de las cejas ocurre cuando estas se levantan y se mueven hacia afuera, aplanando las líneas del ceño y creando una serie de líneas horizontales en la frente cuando se mueven. Esta expresión se conoce como "fruncimiento de ceño" y por lo general se considera como una señal de preocupación. Sin embargo, también puede significar asombro, sorpresa, deleite, incredulidad y alarma.

Las cejas son un indicador poderoso de cómo la persona te ve. Si alguien sonríe cuando te conoce y también alza momentáneamente sus cejas, sabes que la persona está interesada en conocerte. A este se le ha denominado "levantamiento rápido de cejas" y es involuntario y una señal evidente de que la persona se alegra de verte. Por otro lado, si la persona sonríe pero no tiene un levantamiento rápido de cejas, sabrás que esta persona no tiene un interés verdadero en conocerte. Las personas de todo el mundo hacen un levantamiento rápido de cejas cuando saludan a sus amigos.

El levantamiento rápido de cejas también se usa para expresar acuerdo con lo que alguien dice. Las cejas también se levantan para expresar sorpresa o miedo.

El encogimiento de cejas es similar al levantamiento rápido de cejas pero las cejas son sostenidas brevemente en una posición elevada antes de bajarse de nuevo. Esto por lo general es acompañado de un movimiento hacia abajo de ambos extremos de la boca. Esto indica sorpresa y desaprobación moderadas hacia algo que una persona dijo o hizo. A menudo es hecho como un gesto sarcástico.

Un gesto efectuado conscientemente es elevar con lentitud las cejas e inclinar la cabeza a un lado. Este gesto le pregunta sin emplear palabras a otra persona si alguien ha hecho algo de forma correcta o apropiada.

Los ojos

Alrededor de un 80% de la información que procesamos diariamente proviene de los ojos; esto los convierte en los órganos sensoriales más importantes del cuerpo humano.

Los ojos son la parte más reveladora del rostro. Comunicamos más con nuestros ojos que con cualquier otra parte de nuestros cuerpos. Esta es la razón de que tengamos tantas expresiones que involucran a los ojos. "Los ojos son las ventanas del alma", es un buen ejemplo. "Miradas que matan", "Ojos coquetos" y "Ojos a medio morir", son otros ejemplos. Una buena amiga mía escribe novelas románticas en las cuales los ojos de sus héroes "arden de deseo" y como resultado los ojos de las heroínas "se derriten". A los niños pequeños se les dice: "Mírame a los ojos".

Durante su vida, Víctor Hugo (1802-1885), el célebre novelista francés, fue famoso por sus muchas relaciones románticas así como por sus obras literarias. Sus memorias contienen muchos relatos de sus numerosos encuentros sexuales. También contienen una pista valiosa acerca de su éxito con las mujeres: "Señor, cuando una mujer te habla, escucha lo que ella dice con sus ojos", escribió.

Incluso en la actualidad, muchas personas creen en el poder malévolo del "mal de ojo". Esta es la creencia de que una mirada intensa o de envidia puede causar una enfermedad o incluso la muerte. En especial, se pensaba que los niños estaban en riesgo por el mal de ojo y que podían resultar afectados incluso cuando la persona que los miraba no tuviese ningún pensamiento malicioso en mente. El remedio era decir una oración o tocar un objeto religioso o un amuleto protector.

Los ojos revelan claramente muchos sentimientos y emociones, como confianza, amor, codicia, sorpresa, dolor, impaciencia, enojo y confusión. Los ojos son especialmente útiles en el lenguaje corporal, ya que es casi imposible ocultar las emociones reveladas en ellos.

Las pupilas de nuestros ojos se dilatan cuando nos sorprendemos, nos emocionamos o nos entusiasmamos. Esto permite al cerebro recibir tanta información como sea posible. Los ojos permanecerán dilatados si la sorpresa es positiva, pero se contraerán en una fracción de segundo si la sorpresa es negativa. Las personas son consideradas más atractivas si sus pupilas están dilatadas.

Si alguien está interesado en ti y en lo que tienes que decir, sus pupilas se dilatarán para reflejar esto. Sin embargo, la iluminación en una habitación también afecta la dilatación de las pupilas. Si la habitación es muy brillante, las pupilas se contraerán para contrarrestar la luz intensa. En una habitación oscura, las pupilas se dilatarán para permitir una visión mejor. Por consiguiente, necesitas verificar la iluminación en la habitación antes de decidir si alguien está interesado en ti.

Muchas personas creen que David Bowie, la súper estrella de rock, tiene un ojo azul y un ojo de un color diferente. Esto no es verdad. Cuando tenía catorce años de edad, él y su amigo George Underwood comenzaron a pelearse por una chica. George le dio un golpe a David en la cara y la uña de su dedo dañó los músculos esfínter en el ojo izquierdo de David. Este pasó cuatro meses en el hospital mientras los médicos intentaban reparar el daño.

El resultado es que la pupila de su ojo izquierdo está dilatada de forma permanente. Como consecuencia de esto, ante una luz brillante, la pupila de su ojo derecho se contrae, pero la pupila de su ojo izquierdo no, lo que ocasiona que los ojos parezcan ser de colores diferentes. En realidad, David tiene dos ojos azules. David y George continúan siendo amigos en la actualidad.[5]

A la mayoría de los niños se les enseña a no mirar fijamente. Recuerdo cuando me decían: "Es de mala educación quedarse mirando fijamente a alguien". En consecuencia, todos aprendimos a mirar a alguien durante un momento y luego, sin cambiar la expresión, dejar que nuestra mirada siguiera su camino. En lugares públicos, la mirada dura alrededor de un segundo. Este tiempo se extiende un poco en situaciones sociales. Solamente hay dos situaciones en las cuales dos personas se mirarán directamente a los ojos por un cierto tiempo. Los enamorados se miran uno al otro directo a los ojos, por lo general sin darse cuenta que de forma inconsciente están buscando pupilas dilatadas. Las personas que se odian también se miran fijamente a los ojos, tratando de obligar al objetivo de su odio a desviar la mirada. Si tienen éxito en esto, se sienten sicológicamente más fuertes que su oponente. En fecha reciente, vi a dos boxeadores profesionales hacer esto en la televisión cuando fueron entrevistados una semana antes de su pelea.

Debido a que la mirada es tan poderosa, puedes mostrar interés en alguien al permitir que tu mirada persista más tiempo de lo que es considerado aceptable en la parte del mundo donde vives. Una mirada más prolongada también puede ser considerada un reto y podría ser deliberadamente provocadora. Algunas personas miran fijamente debido a que desean dominar a otras. Sin embargo, esto es considerado como una falta de educación y molesta a las personas. Si te encuentras lo suficiente cerca de la persona que te mira fijamente, puedes precisar si la mirada se debe a que la persona está interesada en ti o a que posiblemente sea hostil. Si le agradas a la persona, sus pupilas estarán dilatadas. Si la persona está enojada o antagonista, las pupilas estarán contraídas.

Una mirada en blanco tiene la intención de ser insultante, ya que parece que estás mirando a través de la persona como si ella no estuviera ahí. Una mirada de odio es deliberadamente provocadora y tiene la intención de intimidar a la persona a la cual se dirige.

Contacto visual

El contacto visual es una señal de interés. Si alguien en una fiesta te mira a los ojos por mayor tiempo que el usual, podrías pensar que la persona está interesada en ti y probablemente la considerarías atractiva.

Algunas personas evitan el contacto visual. Ellas podrían ser tremendamente tímidas o posiblemente tienen algo que ocultar. Quizá tienen un secreto de culpabilidad o se sienten avergonzadas por algo. Podrían sentirse nerviosas, ansiosas o intimidadas. Quizá hayan dicho una mentira. Las personas que sufren de autismo y del síndrome de Asperger a menudo también evitan el contacto visual. Si te es difícil mirar a las personas a los ojos, mira al punto que está entre sus cejas. La persona a la que miras no podrá notar la diferencia y asumirá que la miras directamente.

Las personas que son tímidas con frecuencia prefieren mirar de soslayo en lugar de mirar directamente. A menudo miran hacia abajo cuando hacen esto. La princesa Diana es un buen ejemplo de alguien que hacía esto. El célebre zoólogo y escritor británico Desmond Morris llamó a esto "timidez audaz". Esto se debe a que, aunque la persona tímida mira a la otra persona, no la mira directamente y en realidad demuestra humildad al mirar hacia otro lado.

La cantidad de contacto visual varía en diferentes partes del mundo. Recuerdo haberme sorprendido de la cantidad de contacto visual que los parisinos tienen mientras viajan en el metro. Esto se debía a que acababa de pasar un año en Londres, donde las personas tienen el mínimo contacto visual posible en "el Tubo".

Las personas en Grecia disfrutan mirándose unas a otras y desean que otras personas los miren a ellos. Se sienten ignorados si otras personas no muestran interés en ellos. Los árabes disfrutan mirándose unos a otros y utilizan una gran cantidad de contacto visual tanto cuando escuchan como cuando hablan.[6] En Japón, una mirada directa o una mirada fija es considerada como falta de educación y el contacto visual directo entre personas de diferente género es inaceptable.[7]

El contacto visual apropiado es una parte esencial de la comunicación sin palabras. Tenemos la tendencia a sentirnos incómodos y a disfrutar de las personas que evitan mirarnos a los ojos. El contacto visual desempeña una función importante en la conversación diaria. El oyente mantiene un mayor contacto visual que el hablante. El oyente mantiene contacto visual aproximadamente 80% del tiempo, mientras que el hablante mantiene un contacto visual entre el 40 y el 60% del tiempo.[8] Las dos personas que se comunican se miran directo a los ojos alrededor del 30% del tiempo. El hablante desvía la mirada de vez en cuando mientras continúa su discurso. Esto le proporciona menos estímulo sensorial que tiene que manejar y también evita el problema de parecer que está mirando fijamente. Después de mirar hacia otro lado por cierto tiempo, establecerá de nuevo contacto visual para asegurarse que la persona todavía lo escucha. Además podrá precisar el nivel de interés y comprensión al mirar los ojos del oyente. Cuando el hablante finaliza, mirará al oyente para hacerle saber que es tiempo de responder. Mirar a los ojos del hablante establece una identificación con él y ayuda a la comunicación. Si el oyente deja de mirar los ojos del hablante, este de inmediato dejará de hablar, ya que esto sería considerado como una señal de aburrimiento o desinterés.

El contacto visual también le permite saber al hablante que escuchas lo que está diciendo. Si tus ojos comienzan a divagar, el hablante pensará que no estás interesado en lo que está diciendo.

El contacto visual desempeña una función importante al establecer una identificación con otras personas. El contacto directo a los ojos es una señal de honestidad, sinceridad y confianza. Si miras a una persona durante más de unos segundos, sabrá de manera subconsciente que estás interesado en ella. No obstante, necesita existir la cantidad correcta de contacto visual. Demasiado contacto visual puede intimidar a alguien, y muy poco contacto visual te hace parecer falto de confianza, fuerza y honestidad. Las personas que desvían su mirada con demasiada rapidez se dice que tienen "mirada furtiva".

Si te agrada alguien, lo mirarás con frecuencia. A la inversa, si no te agrada alguien, lo mirarás lo menos posible. Esto no se lleva a cabo de forma consciente. Es natural mirar a algo que nos interesa y también es algo natural desviar la vista de algo que no es de nuestro interés. Esto significa que si le agradas a una persona, esta te mirará con frecuencia durante una conversación.

El contacto visual también se puede usar para controlar al oyente. Un hablante posiblemente incrementará la cantidad de contacto visual si intenta dar a conocer su punto de vista.

El área que miras del rostro de la persona mientras le hablas varía de acuerdo con la situación. Por ejemplo, si conoces a un extraño, miras el área que abarca un triángulo formado por la base de cada ojo y la parte superior de la frente. Si deseas que el encuentro se vuelva más informal y amigable, deja que tu mirada incluya el área desde la boca hasta los ojos. Si conociste a una persona y deseas que sepa que estás interesado en ella, puedes dejar que tus ojos se muevan de manera discreta hacia abajo hasta el cuello antes de moverlos rápidamente de vuelta a los ojos de la persona. Este es un gesto de coqueteo, el cual podría ser devuelto por la persona para mostrar su interés.

Algunas personas bajan sus ojos en la presencia de alguien que consideran importante o superior a ellas. Esta es una señal de sumisión.

Expresiones

Una mirada directa se usa para expresar enojo en silencio. Por lo general es acompañada por un ceño fruncido. La persona mira directamente al objeto de su irritación con ojos bien abiertos y fijos, que intentan hacer que la otra persona cambie su comportamiento.

Cuando la persona cierra en cierta medida sus ojos, por lo general es una señal de desaprobación. Bajar las cejas al mismo tiempo, hace que la persona parezca enojada. No obstante, muchas personas hacen esto cuando leen o se concentran con intensidad en algo.

Mirar de reojo es una señal de disgusto y desconfianza. Las personas tienden a mirar de reojo cuando le responden a alguien que no les agrada. A pesar que la mirada de reojo puede durar solo una fracción de segundo, le resulta obvia a alguien que puede leer las señales del lenguaje corporal. Las personas también miran de reojo cuando se sienten incómodas o inseguras acerca de lo que van a hacer a continuación.

Los ojos bien abiertos son una señal de interés, en especial cuando las cejas se levantan al mismo tiempo. Ya que los ojos grandes son atractivos para muchas personas, esto ayuda a identificarse con ellas.

Si los ojos se abren al extremo de que el blanco de los ojos se vea por arriba y posiblemente por debajo del iris, la persona está indicando una sorpresa moderada. Las personas revelan su desdén al cerrar en cierta medida sus ojos.

Las personas por lo general parpadean de seis a ocho veces por minuto. Si alguien de repente comienza a parpadear con rapidez esto es una señal de que sufre de estrés o presión. En casos extremos, la persona puede parpadear hasta ochenta veces por minuto. Esto puede ser una señal de que la persona está mintiendo, aun cuando esto tendría que ser confirmado por otros indicadores. El parpadeo rápido sencillamente indica que la persona se siente incómoda y ansiosa. Cuando el expresidente estadunidense Richard M. Nixon se presentó en televisión para pronunciar su discurso de renuncia, parecía calmado y relajado. Sin embargo, de vez en cuando sus ojos parpadeaban con rapidez, lo que mostraba el estrés al que estaba sometido. Como resultado de esto, el parpadeo rápido ocasionado por estrés extremo en ocasiones se denomina el "efecto Nixon".

Las personas también parpadean con rapidez cuando están a punto de llorar e intentan impedir que esto ocurra.

Las miradas penetrantes son un indicador de que la persona está a la defensiva o se siente insegura. La mayoría de las personas piensan que alguien con una mirada penetrante está mintiendo, pero esto no es necesariamente el caso. La persona podría solo estar nerviosa o sentirse ansiosa.

Alguien que se siente superior podría adoptar un parpadeo lento, en el cual los ojos son cerrados por un lapso ligeramente mayor que lo normal. Esto realmente te impide verlos por más tiempo que lo normal y tiene la intención de hacerte saber del poder que la persona posee (o que piensa que posee).

Algunas personas cierran sus ojos durante unos segundos mientras hablan. Esto les permite formular sus pensamientos sin ninguna distracción. También les permite escapar temporalmente a cualquier presión o antipatía exterior. Infortunadamente, por lo general esto da la impresión de ser una afectación. Algunas personas consideran esto atrayente, pero la mayoría lo considera irritante.

Taparse los ojos con una mano o frotárselos, es una señal de que a la persona no le agrada lo que le dicen. Cuando a una persona le comunican malas noticias, sus ojos se cerrarán brevemente en un intento subconsciente por bloquear la información. Las personas también se frotan sus ojos para evitar la mirada de desaprobación de alguien.

Cuando una persona baja mucho la mirada se debe a que desea evitar ofender a alguien que considera superior o dominante. Es un gesto deliberado más que inconsciente. Este gesto también es común cuando alguien pasa a un lado de un extraño en la calle. Cuando se encuentran a unos dos o tres metros de distancia, ambos bajan sus ojos hasta que los dos pasaron. Esto indica que la persona no es amenazante. El bajar mucho la mirada también ocurre cuando alguien desea retirarse de una conversación. Esto por lo general se debe a que se sienten presionados. Bajar la mirada consiste en un movimiento de los ojos hacia abajo o en una inclinación hacia abajo de la cabeza.

Una señal de que alguien está desesperado por escapar a una situación es un movimiento rápido de los ojos de lado a lado. Esta es una señal de incomodidad extrema y el movimiento de los ojos da la impresión de que la persona busca frenéticamente la salida más próxima.

Un guiño es un gesto potencialmente peligroso, ya que puede ser fácilmente malinterpretado. Las personas que guiñan el ojo con demasiada frecuencia pueden ser malinterpretadas y consideradas como indecentes.

En ocasiones un guiño tiene la intención de ser un gesto amigable que anima a la cordialidad y la sinceridad. También puede decirle a alguien que la declaración previa no debería ser considerada con seriedad. Asimismo puede significar "está bien", o que dos personas comparten un secreto o una broma privada. Un guiño en ocasiones se usa para suavizar un insulto o comentario ofensivo al decirle silenciosamente a la persona, "solo estoy bromeando". Sin embargo, a menos que esto sea interpretado de manera correcta, puede empeorar el insulto en lugar de suavizarlo.

Movimiento de los ojos

Además de todo esto, los ojos te permiten introducirte en la mente de otra persona y saber de dónde proviene su respuesta. El movimiento de los ojos de la persona te dice si está recordando algo, si lo está visualizando o lo está creando. Puedes demostrarte esto a ti mismo con facilidad. Párate frente a un espejo y pregunta: "¿Qué me dieron mis padres de regalo cuando cumplí diez años?". Hay un 90% de probabilidad que mientras piensas acerca de esta pregunta, tus ojos se muevan hacia arriba y hacia tu izquierda. Aquí hay otra pregunta: "¿Cómo se vería la torre Eiffel si hubiese sido construida de madera?". Para visualizar esto tus ojos quizá se movieron hacia arriba y a la derecha.

Debido a esto, es posible observar los movimientos de los ojos de las personas y saber de dónde proviene la información que te dicen. Esta es una información extremadamente útil.

Los movimientos de ojos de la persona te dicen si en esencia es visual, auditiva o kinestésica. Esto te permite hablarle a la persona usando el lenguaje que prefiere.

Los pensadores visuales utilizan frases visuales. Alguien que es básicamente visual dirá frases a lo largo de la comunicación como: "Ya veo" o "Está claro".

Los pensadores auditivos utilizan frases que se relacionan con el sonido. Alguien que es básicamente un pensador auditivo podría decir: "Se oye bien" o "Me suena".

Los pensadores kinestésicos tienden a usar palabras más emocionales. Alguien que es básicamente un pensador kinestésico podría decir: "Se siente bien" o "Es difícil pero lo lograré".

Los movimientos de los ojos de las personas también pueden ser reveladores. Si estás hablando con alguien y sus ojos se mueven hacia abajo y a la derecha, esta es una señal de que tienen acceso a sus sentimientos. Si sus ojos se mueven hacia abajo y hacia la izquierda, están hablando consigo mismos. Si los ojos se mueven hacia arriba y a la izquierda, están intentando recordar algo que ocurrió. Si los ojos se mueven hacia arriba y a la derecha, están imaginando algo. Si los ojos se mueven hacia la izquierda, están recordando sonidos. Si los ojos se mueven hacia la derecha, están reconstruyendo sonidos.

Si piensas que una persona puede estar mintiendo, le puedes hacer unas cuantas preguntas para determinar dónde tiene acceso a la información. Una vez que has precisado los movimientos de los ojos que se relacionan con ella, puedes comenzar a hacerle preguntas acerca del supuesto engaño. Por ejemplo, si la persona debería estar recordando algo, pero tiene acceso al área donde se construye la información, tienes razón de sospechar.

Alrededor del 90% de las personas diestras usan los mismos movimientos de ojos. Las personas zurdas por lo general son lo contrario de estos. Sin embargo, primero necesitas hacer preguntas para confirmar esto, ya que entre el 5 y el 10% de las personas son lo opuesto a la norma.

Si los ojos se mueven hacia arriba y a la izquierda de la persona, se encuentra recordando visualmente algo. Un ejemplo: "¿De qué color era la puerta frontal de la casa donde creciste?".

Si los ojos se mueven hacia arriba y a la derecha de la persona, esta se encuentra visualizando algo nuevo o viendo algo familiar en una forma diferente. Un ejemplo podría ser: "¿Cómo se vería un perro si tuviese unos enormes y carnosos labios humanos?".

Si los ojos miran de reojo a la izquierda de la persona, esta se encuentra construyendo sonidos que no ha escuchado con anterioridad. Un ejemplo podría ser: "¿Cómo se escucharía el canto de una sirena?".

Si los ojos se mueven hacia abajo y a la izquierda de la persona, ella está diciéndose algo a sí misma. Un ejemplo podría ser: "¿Dónde dejé las llaves de mi coche?".

Si los ojos se mueven hacia abajo y a la derecha de la persona, está sintiendo emociones o la sensación del tacto. Un ejemplo podría ser: "¿Qué se siente amar?".

También puedes emplear esta información para ayudarte. Si de forma deliberada mueves tus ojos hacia la posición derecha mientras te haces una pregunta, podrás tener acceso a la respuesta con mayor rapidez que si no lo hicieras.

La nariz

Tocarse la nariz mientras se habla, con frecuencia se considera una señal de engaño. Es muy conocido que Bill Clinton se tocó su nariz 26 veces cuando rendía testimonio ante un gran jurado respecto al romance con Mónica Lewinsky. Este tipo de toquidos en la nariz recibe el nombre del "efecto Pinocho", ya que la liberación de químicos creados por el incremento del estrés ocasiona que el tejido nasal se expanda. Al mismo tiempo, la nariz comienza a dar comezón.

Sin embargo, existen otras razones por las cuales las personas se tocan sus narices. Las personas a menudo se dan golpecitos en la punta de sus narices mientras evalúan o consideran algo. Por consiguiente, esto puede ser una señal de que la persona está a punto de tomar una decisión.

Si alguien se toca su nariz mientras otra persona habla, esto puede ser una señal de que no cree lo que se dice.

Darse golpecitos en un lado de la nariz es una señal de que la persona está ocupada "husmeando en algo". También puede ser una señal que una persona le da a otra para indicar que comparten un secreto.

Una nariz levantada es señal de confianza. También puede significar que la persona se siente superior, es crítica o desaprueba algo. Este gesto por lo general se hace de manera subconsciente, pero algunas personas deliberadamente elevan sus narices para demostrar que se sienten superiores.

Es una señal de desdén y desprecio mirar con la nariz hacia abajo a alguien, en especial si los ojos están medio cerrados al mismo tiempo.

Si una persona no cree o no aprueba lo que alguien está diciendo, podría torcer brevemente su nariz hacia un lado. Esto indica que "huele" que algo no está bien. Este gesto también puede indicar desagrado.

El ensanchamiento de las fosas nasales es una señal de excitación sexual. Las fosas nasales de los amantes se ensanchan cuando piensan en las delicias por venir. Sin embargo, las fosas nasales también se ensanchan cuando alguien está enojado o ha decidido hacer una actividad física. Esto permite que entre tanto oxígeno como sea posible al torrente sanguíneo. Esto es útil si la persona está por cargar algo pesado. Sin embargo, es una señal potencialmente peligrosa que indica que la persona está a punto de atacarte físicamente.

Arrugar la nariz es un gesto que la mayoría de las personas aprenden desde su infancia. Es una señal de disgusto que normalmente se utiliza cuando a las personas no les agrada algo que escucharon o vieron.

Puede ser un insulto moderado colocar la punta de tu pulgar en el extremo de tu nariz, abrir tus dedos y moverlos. Este gesto por lo general es efectuado por niños, pero he tenido ocasión de ver a algunos adultos hacerlo.

Los oídos

Frotarse un oído entre el dedo pulgar y el dedo índice es una señal de que la persona no desea escuchar lo que se dice. Ya sea que no se encuentra interesada o no cree lo que se dice.

Es una señal de perplejidad o duda si alguien se rasca detrás de un oído con su dedo índice mientras escucha a alguien que habla.

Puede ser una señal de engaño si alguien se acaricia la parte trasera de un oído, o se jala el lóbulo de la oreja. Sin embargo, en Italia, jalarse el lóbulo de la oreja tiene un significado diferente, ya que en ese país los hombres lo hacen para indicar que han visto a una mujer atractiva.

Hacer girar un dedo frente a un oído es una señal de que alguien es un loco o un iluso o que hay algo que no tiene sentido o es ilusorio.

Las personas en ocasiones se cubren sus orejas para hacerle saber al hablante que ya han escuchado suficiente. Esto podría deberse a que el tema es inquietante o a que no desean escuchar más.

Las mejillas

Las mejillas revelan claramente los estados emocionales de las personas. Los humanos son los únicos seres vivos que se sonrojan con la pena o la vergüenza. Mark Twain (1835-1910), el famoso escritor y humorista estadunidense, escribió: "El hombre es el único animal que se sonroja. O que necesita hacerlo". Sonrojarse tiene connotaciones eróticas, pero en realidad, la mayoría de la gente que se sonroja es joven, inocente, ingenua, cohibida y tímida. Incluso en estos días, hay muchas novias sonrojadas en su noche de bodas que se pueden catalogar en esta categoría.

El sonrojarse ocurre cuando una persona se apena, se avergüenza o la escuchan diciendo algo que sabe es equivocado. Las personas también se sonrojan cuando están en compañía de alguien que los atrae sin que nadie sepa. Ya que sonrojarse es un reflejo totalmente involuntario, revela claramente el estado emocional de la persona.

Para el momento en que te das cuenta que te sonrojaste ya es demasiado tarde para evitarlo. Sin embargo, puedes intentar que se desvanezca y desaparezca tomando respiraciones lentas y profundas.

Las mejillas también se pueden enrojecer cuando alguien está furioso. Sin embargo, el enojo es improbable que se vuelva violento, ya que la persona está subconscientemente conteniéndose. Las mejillas de alguien que está a punto de actuar debido a su enojo palidecen, ya que la sangre es desviada de la piel para que pueda utilizarse en otra parte. Lo mismo le ocurre a alguien que está aterrado ya que la sangre abandona la piel para permitirle escapar o levantarse y pelear.

Descansar la mejilla en una mano es señal de fatiga y le dice a alguien que la otra persona ya ha tenido suficiente.

En ocasiones las personas se abofetean en broma sus mejillas cuando han hecho algo tonto. Es un gesto consciente que estimula castigarse a ellos mismos por su error.

Un beso en la mejilla es un popular gesto de saludo. Es útil, ya que es afectuoso, pero no tiene ninguna de las connotaciones sexuales que un beso en la boca podría crear. En algunos lugares el beso es únicamente en un lado del rostro, pero también es frecuente que se efectúe un beso en una mejilla y después en la otra. En ocasiones, también la primera mejilla puede besarse de nuevo.

La boca

A los ojos les resulta difícil mentir, pero la boca con frecuencia envía información falsa. Por consiguiente, los mensajes sin palabras no se pueden comprender si se miran únicamente las diferentes expresiones hechas por la boca.

Nuestras bocas crean una diversidad de expresiones todos los días. No obstante, con el tiempo, una expresión se vuelve habitual y puede ser interpretada. Incluso cuando la persona cambia de expresión, los remanentes de su expresión habitual continúan siendo notorios.

Si la boca se encuentra flácida y relajada, será sencillo tener buenas relaciones con la persona, pero también será indecisa y fácilmente influenciada por otros.

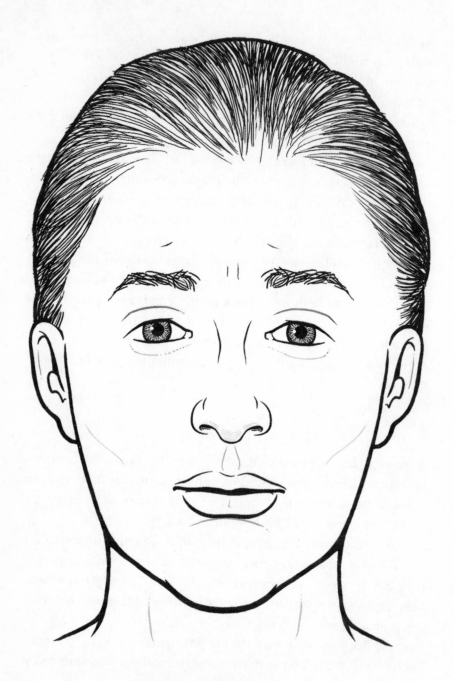

Boca flácida y relajada

Boca Recta y Firme

Si la boca es recta y firme, la persona será confiable, dedicada y mantendrá ambos pies en el suelo.

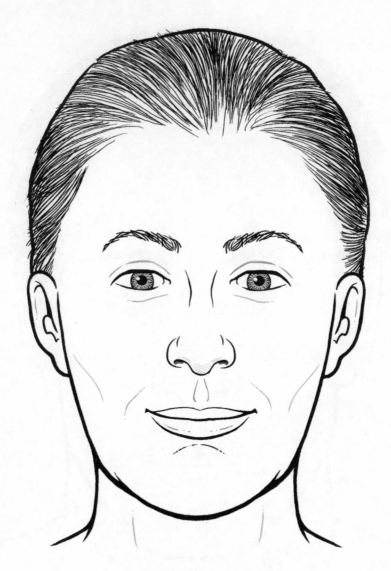

Boca curva hacia arriba en las esquinas

Si la boca se curva hacia arriba en las esquinas, creando un esbozo de una sonrisa, la persona será de carácter agradable, le encantará la diversión y será complacida con facilidad. También tendrá un punto de vista optimista de la vida.

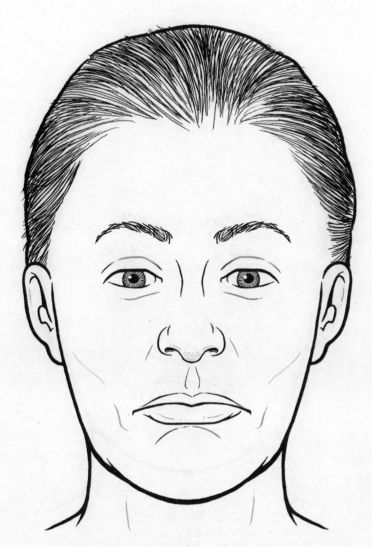

Boca curva hacia abajo en las esquinas

Si la boca se curva hacia abajo en las esquinas, la persona será obstinada, insatisfecha y difícil de complacer. Tendrá un punto de vista pesimista de la vida. Nunca es bueno cubrirte tu boca mientras hablas. Las personas tenderán a dudar de tus intenciones y pueden pensar que mientes.

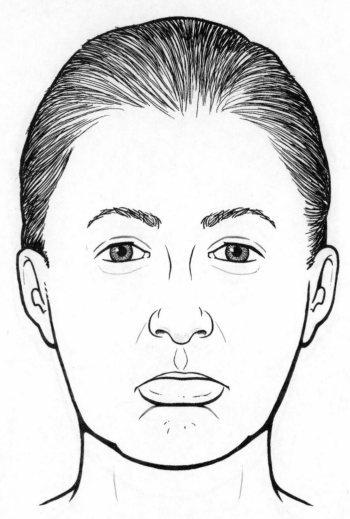

Boca haciendo pucheros

Haciendo Pucheros

Un puchero se hace al relajar el mentón y presionar juntos los labios. Por lo general, el labio inferior sobresale un poco. Esta es una señal de irritación, molestia, frustración y decepción. Es interesante que un puchero también puede ser una señal de interés sexual.

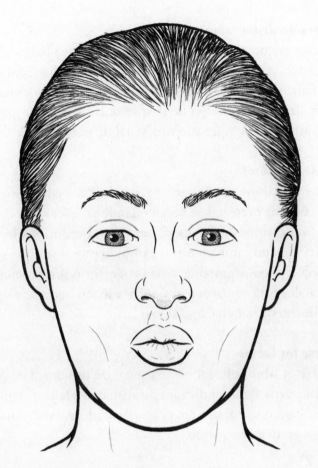

Labios fruncidos

Fruncir los labios

El fruncir los labios es una señal de desacuerdo y resistencia a lo que se dice. También puede ser una señal de que la persona está pensando con cautela antes de decir algo. Fruncir los labios es un gesto que no es atractivo y que con el tiempo puede ocasionar arrugas alrededor de los labios. Cuando cursaba la escuela primaria, a una de nuestras maestras le decían a sus espaldas "Cara de pasa", ya que de forma habitual fruncía sus labios cada vez que desaprobaba lo que sus estudiantes hacían.

Compresión de los labios

Las personas comprimen sus labios en una línea delgada y apretada cuando se enojan o tienen estrés. Esta es una señal de gran frustración y la persona intenta contener sus emociones para impedir decir o hacer algo de lo que se arrepienta después. Los labios apretados siempre son una señal de negatividad.

Lamerse los labios

Lamerse los labios puede ser una señal de nerviosismo, ya que las bocas de las personas se secan cuando se estresan o están ansiosas. En ocasiones, esto puede ser un indicador de que la persona está diciendo una mentira. También puede ser una señal de coqueteo. Por consiguiente, sería provechoso prestar atención a otras señales para confirmar el significado, en lugar de solamente leer el hecho de lamerse los labios.

Morderse los labios

Morderse el labio inferior es una señal de timidez o vergüenza. También puede ser un indicador de ansiedad y falta de confianza. Algunas mujeres se muerden con suavidad sus labios inferiores como un gesto de coqueteo.

Cubrirse la boca

Muchas personas se cubren la boca para impedir decir algo de lo que podrían arrepentirse. Si los dedos están abiertos y luego son colocados encima de la boca, la persona está verdaderamente "colando" las palabras que dice. Cubrirse la boca también puede ser una señal de mentir. Los niños pequeños a menudo se cubren sus bocas después de decir una mentira. Cubrirse la boca también puede ser un gesto semihumorístico. Después de decir algo que quizá no deberían haber dicho, las personas en ocasiones se colocan una mano sobre sus bocas, como si estuviesen intentando, demasiado tarde, impedir que salgan las palabras.

Muchas personas asiáticas se cubren sus bocas mientras son-ríen o ríen. Esto se debe a que es considerado de mala educación en sus culturas revelar el interior de sus bocas.

Bostezar

Bostezar es considerado en general una señal de aburrimiento. Si alguien ejecuta una tarea repetitiva o experimenta una espera prolongada, es posible que bostece. Sin embargo, las personas también bostezan cuando se sienten tensas, nerviosas o se enfrentan a una actividad difícil. Estos se conocen como bostezos de estrés. Tienen un propósito útil, ya que distraen temporalmente a la persona de aquello que le causa la tensión.

Las personas dominantes en ocasiones utilizan un bostezo cuando desean reafirmar su autoridad. Las personas también bostezan en lugar de discutir algo que les ocasiona estrés o dolor.

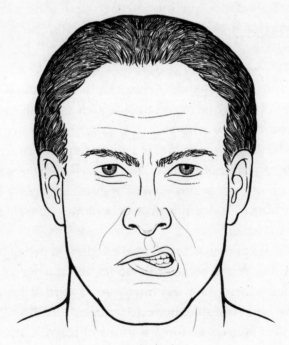

Gesto de desdén

Gesto de desdén

Un gesto de desdén es una señal de rechazo y desprecio. Se forma cuando los músculos de los lados del rostro se contraen, haciendo que las esquinas de los labios se estiren hacia los oídos. Por lo general, también se enrollan los labios. Un gesto de desdén por lo común dura solo un momento y es una señal de falta de respeto y desprecio. Sin embargo, en ocasiones la persona elige mantener el gesto de desprecio para mostrar claramente su desagrado, rechazo y escarnio.

Suspirar

Cuando las personas suspiran cuando exhalan, es una señal de relajación. Cuando las personas suspiran cuando están inhalando y exhalan con un sonido como "hemff", es una señal de que están estresadas o molestas por algo. En efecto, les están diciendo a todos a su alrededor que son infelices, pero son incapaces o no desean expresar sus sentimientos en palabras.

Sonrisas

Una sonrisa es una señal de bienvenida que se conoce en todo el mundo. Es el gesto que es reconocido al instante en todas partes. Además, sonreír es bueno para ti. Una sonrisa, incluso una sonrisa forzada, te hace sentir mejor. Las sonrisas liberan endorfinas, serotonina y analgésicos naturales, lo cual te hace sentir feliz. Como un bono extra, una sonrisa reduce el estrés y mejora tu sistema inmune. Todos nosotros deberíamos sonreír más de lo que solemos hacer.

Incluso las personas invidentes pueden escuchar una sonrisa, ya que pueden detectar inflexiones en las voces de las personas quien sonríe. Una genuina sonrisa cordial les dice a los demás que eres amigable, honesto y que es sencillo relacionarse contigo. Una sonrisa genuina ilumina el rostro e involucra los ojos, así como la boca. Una sonrisa falsa involucra la boca pero no llega a los ojos. Una manera fácil de determinar si una sonrisa es genuina es observar las arrugas de la piel (las patas de gallo) en las esquinas de los ojos. Si no son evidentes, la sonrisa no es genuina.

Los bebés practican sus sonrisas en la matriz hasta dos meses antes de nacer. Como están totalmente indefensos, necesitan desarrollar los músculos que crean las sonrisas para cautivar a las personas a que los cuiden.[9] Incluso los bebés expresan sonrisas genuinas y falsas. Un experimento llevado a cabo con 35 bebés de diez meses de edad, demostró que podían sonreír ante un extraño sin usar los músculos alrededor de sus ojos. Sin embargo, tan pronto como la madre del bebé aparecía a la vista, el bebé producía una sonrisa genuina.[10]

Las sonrisas por lo general son asociadas con la felicidad, pero todos tenemos una variedad de sonrisas que usamos para propósitos diferentes. La más común de las sonrisas es la sonrisa de disculpa que usamos durante todo el día cuando por accidente interactuamos con otra persona. Te disculparías y harías esta sonrisa si chocaras por accidente con alguien en una estación del metro. Si te apretujaras en un elevador lleno de gente probablemente evitarías el contacto visual, pero sonreirías para disculparte eficazmente con todos por obligarlos a estar tan juntos. En una ciudad muy atestada de gente, una persona promedio usaría esta sonrisa docenas de veces durante el día. No obstante, a pesar de que esta sonrisa para todo propósito es una sonrisa, no es una sonrisa genuina.

Otra sonrisa que no es genuina es la media sonrisa nerviosa que las personas usan cuando no se sienten confiadas o seguras de ellas mismas. En ocasiones, la ansiedad ocasiona que la sonrisa sea grande en un solo lado del rostro. Conozco a alguien que hace una media sonrisa nerviosa al final de casi todas las oraciones cuando habla. Es una señal inequívoca de que se siente incómodo, ya que no está seguro de sí mismo.

Las sonrisas con frecuencia se utilizan para encubrir los sentimientos y las emociones. Alguien que perdió un torneo de tenis importante sonreirá para encubrir sus sentimientos mientras felicita a su oponente.

Las personas que en su trabajo tienen trato con el público sonríen para que sus relaciones con las personas sean más placenteras. Las sobrecargos en los aviones son un buen ejemplo de esto. Sin embargo, sus sonrisas también tienen la intención de tranquilizar a cualquier pasajero que sienta miedo de volar.

Existen muchos tipos de sonrisas que abarcan desde la sonrisa amable con los dientes sin exponer, hasta una sonrisa amplia originada en situaciones donde alguien ríe al mismo tiempo que sonríe.

Alguien que sonríe para sí mismo tiene una sonrisa amable con los labios cerrados.

Cuando las personas se conocen, los dientes incisivos superiores son visibles cuando sonríen. También establecen contacto visual entre ellas.

Una sonrisa amplia ocurre cuando las personas disfrutan de algo y ríen al mismo tiempo que sonríen. Los dientes incisivos superiores e inferiores son visibles y se establece poco contacto visual.

Una sonrisa rectangular ocurre cuando las personas están siendo amables o pretenden estar pasando un rato divertido. También se usa cuando las personas se reprimen y no están dispuestas a decir lo que piensan. En esta sonrisa, los labios se alargan en una forma rectangular y la boca se mantiene cerrada. En consecuencia, en ocasiones esta sonrisa se conoce como la sonrisa de la boca cerrada.

Una variación de esto ocurre cuando alguien sonríe burlonamente con los labios cerrados con firmeza. Esto significa que la persona reprime algo de forma deliberada y oculta lo que siente en realidad detrás de la sonrisa. También hay una sonrisa refrenada, que ocurre cuando los músculos alrededor de la boca se tensan, lo que crea la impresión de que la persona va a sonreír pero consigue reprimir la sonrisa.

Las sonrisas de este tipo pueden ser frustrantes para algunas personas, ya que es imposible decir si la persona sonríe realmente. Las personas que desean dominar a otras sonríen en raras ocasiones. Cuando lo hacen, por lo general utilizan una sonrisa con la boca cerrada.

La sonrisa, "cómo estás", se usa al conocer a extraños. Los labios se curvan hacia arriba y la boca se abre ligeramente, lo que permite mostrar los dientes incisivos superiores.

Si alguien se siente ansioso y temeroso, con frecuencia hará una sonrisa exagerada que no involucra los ojos.

La sonrisa del político incluye bajar la mandíbula inferior mientras se sonríe ampliamente. Por su nombre, sabrás que esta es la sonrisa favorita de los políticos y las celebridades para mostrar que están pasando un rato muy agradable. También puede ser una sonrisa muy útil de adoptar, ya que parece que estás a punto de reír. Por consiguiente, ayuda a los demás a relajarse y a sentirse con mayor desenfado.

Existen numerosos tipos de sonrisas. Paul Ekman, el sicólogo estadunidense pionero en los estudios de los efectos que las emociones tienen en las expresiones faciales, describió 50 tipos de sonrisas diferentes.

En 1862, Guillaume Benjamin Amand Duchenne de Boulogne (1806-1875), un neurólogo francés, llevó a cabo una serie de pruebas para determinar cómo las sonrisas falsas difieren de las sonrisas genuinas. Así que mediante el empleo de la electricidad estimuló varios músculos faciales y tomó fotografías de las diferentes contracciones musculares que se producían. Descubrió que una sonrisa falsa era ocasionada por las acciones del músculo mayor zigomático, el cual va desde las mejillas hasta las esquinas de los labios. Este músculo jala los labios hacia los lados y hacia arriba creando una sonrisa falsa. Una sonrisa genuina es ocasionada por las acciones del músculo mayor zigomático y el músculo orbicular de los ojos que, como su nombre lo indica, se encuentra alrededor de los ojos. Duchenne escribió: "La emoción de alegría franca se expresa en el rostro mediante la contracción combinada del músculo mayor zigomático y el músculo orbicular de los ojos. El primero obedece a la voluntad pero el segundo solamente se pone a funcionar mediante las dulces emociones del alma".[11] Una sonrisa genuina en ocasiones se denomina una sonrisa Duchenne para honrar su investigación en este campo. Si recibes una, lo más seguro es que la devuelvas y que después te sientas muy positivo durante algún tiempo.

Hace muchos años un hombre me dijo cómo producir sonrisas genuinas en cualquier momento. Su solución fue pensar en algo que considerara divertido. Podría ser una broma, una película, un programa de televisión o un rato divertido con los amigos. Así que escogía una experiencia y pensaba en ella, y en consecuencia sonreía o reía justo antes de participar en una situación donde sabía que tendría que sonreír.

Se han llevado a cabo investigaciones respecto a cómo hacer que las sonrisas parezcan más seductoras. Al parecer, las sonrisas que requieren más de medio segundo para extenderse por el rostro de la persona se consideran más atractivas. Esto se complementa si la cabeza de la persona también se inclina ligeramente hacia la otra persona al mismo tiempo.[12]

La risa

Las personas se ríen cuando están divertidas. La risa es contagiosa y cuando una persona se ríe, muchas otras se le unen. Las personas que ríen con frecuencia, son consideradas amistosas y les encanta la diversión. Las personas que rara vez ríen son consideradas nerviosas y sin sentido del humor. Por consiguiente, te conviene reír con mayor frecuencia o al menos tener una sonrisa genuina de vez en cuando.

Es interesante que las personas también se ríen cuando se sienten ansiosas. El doctor Stanley Milgram (1933-1984), un profesor de la Universidad de Yale, demostró esto con una prueba controversial que llevó a cabo en la década de 1960 respecto a la obediencia. A algunos voluntarios que recibían una paga se les pidió que administraran choques eléctricos a unos estudiantes que intentaban recordar una lista de palabras. Cada vez que un estudiante cometía un error, el voluntario tenía que incrementar el voltaje. Sorprendentemente, 36 de los 40 voluntarios tuvieron la disposición de enviar hasta 450 voltios de electricidad al estudiante, a pesar de que podían escuchar sus lamentos de dolor. En realidad, los estudiantes eran actores pagados y no recibieron ningún choque eléctrico.[13]

Al enviar choques eléctricos a los estudiantes, muchos de los voluntarios se sentían descontentos por la situación, pero un tercio de ellos sonreía y se reía cuando escuchaba los lamentos y los gritos pidiendo ayuda. Cuando se les preguntó posteriormente, ninguno de estos voluntarios pudo explicar el motivo por el cual habían sonreído y se habían reído. A pesar de que parecía que se habían reído del sufrimiento de los estudiantes, la risa era en realidad una reacción nerviosa a lo que hacían.[14]

La risa también puede utilizarse como un arma. Esto sucede cuando alguien se ríe de una persona, en lugar de reírse con ella. A pesar de que algunas personas pueden aceptar esto sin problemas, muchas otras se sienten heridas y humilladas cuando otras personas se ríen de ellas.

La lengua

Incluso la lengua se interpreta en el lenguaje corporal. Por ejemplo, si alguien está estresado, la boca estará seca y la persona usará su lengua para lamerse sus labios y humedecerlos. Cuando alguien está concentrado en una tarea en particular, podría empujar la punta de su lengua dentro de una mejilla, o sacarla un poco de la boca. Este movimiento inconsciente es relajante y ayuda a la persona a concentrarse en lo que está haciendo.

En todo el mundo, los niños y un sorprendente número de adultos, sacan sus lenguas como un insulto o un gesto provocativo moderado.

El beso de lengua profundo es una forma de comunicación sin palabras que no necesita explicación alguna. En el siglo XIX, muchas personas en Francia disfrutaban participando en un juego de besos llamado *maraichinage*. El juego implicaba al menos diez parejas que intercambiaban a su pareja cada semana para complacerse con el beso de lengua. La gente jugaba este juego en todas partes, incluso en las iglesias. Por ello, no es de sorprender que los clérigos hayan logrado que este juego se prohibiera en 1864.[15]

Mandíbula apretada

Una mandíbula apretada es una señal de tensión, frustración o enojo. Algunas personas aprietan sus mandíbulas de manera permanente y demuestran que están constantemente tensas, estresadas o enojadas. Una mandíbula apretada a menudo está acompañada por unos labios comprimidos. Algunas personas aprietan sus mandíbulas por hábito y en este caso, sus labios no están comprimidos.

Una mandíbula apretada también puede ser una señal de agresión. Es algo común que esta mandíbula se vea en la persona que no está hablando cuando dos personas tienen un desacuerdo de importancia.

Una mandíbula apretada también puede indicar que la persona está incómoda o se siente nerviosa o a disgusto.

Mandíbula caída

Las mandíbulas de la persona tienden a caerse momentáneamente cuando están sorprendidas, incrédulas, perplejas, consternadas u horrorizadas. Algunas personas dejan caer sus mandíbulas para causar algún efecto. Cuando hacen esto, mantienen su mandíbula caída por mayor tiempo que si la sorpresa hubiese sido auténtica. Este gesto es una afectación y puede ser descartado.

Mentón sobresaliente

Sacar el mentón hacia adelante es una señal que les dice a las personas que se retiren o que no interfieran. Es un acto menor de agresión, por lo general efectuado por un hombre en contra de otro.

También se puede hacer de manera inconsciente cuando alguien se siente enojado o agraviado.

Mentón levantado

Cuando se levanta el mentón de manera deliberada, la nariz también se eleva con este, haciendo imposible mirar a las personas sin mirar la nariz. Este es un gesto de superioridad y arrogancia.

Mentón hacia abajo

Las personas bajan sus mentones por lo común cuando se encuentran estresadas o preocupadas. Cuando el mentón se baja, esto hace que la persona parezca indefensa y débil. Es una señal de sentimientos dañados, vulnerabilidad, pérdida de confianza y un deseo de parecer pequeño. Con frecuencia, todo el cuerpo de la persona se baja en concordancia con el mentón abajo. Por consiguiente, la expresión, "Mantén tu mentón en alto", es un buen consejo.

Acariciarse el mentón

Cuando las personas evalúan algo, con frecuencia se acarician sus mentones con su dedo pulgar y su dedo índice. Este gesto se remonta a la época en que una barba era señal de madurez y sabiduría. El pasar una mano por la barba les decía a los demás que se tenían pensamientos profundos. Este gesto expresa que la persona está en el proceso de tomar una decisión. Si la acción de acariciarse el mentón se efectúa al recibir una propuesta de ventas, el vendedor debería dejar de intentar vender hasta que el comprador potencial deje de acariciarse su mentón. Las expresiones y gestos que la persona hace después de acariciarse el mentón le dicen con claridad al vendedor si la decisión es positiva o negativa.

Gestos protectores

Existen cinco gestos protectores importantes que se pueden observar en todo el mundo.

Si alguien se cubre sus ojos con una mano o ambas manos, está ocultando de forma consciente lo que sea que pudiese ocasionar la molestia.

Si alguien se cubre su boca, la persona se protege de decir algo de lo que podría arrepentirse después.

Si alguien se cubre todo su rostro con ambas manos, entonces está combinando los dos primeros gestos protectores. Con todo el rostro cubierto, la persona no puede ver lo que ocurre y es incapaz de hacer cualquier comentario sobre lo que sea que esté ocasionando el problema.

Si alguien se sujeta la parte superior de su cabeza con ambas manos, lo hace para formar un escudo que le proporciona protección sicológica cuando ocurre algo que le preocupa. Este gesto en ocasiones puede verse en grandes grupos de personas en un evento deportivo cuando su equipo comete un error.

Las manos también pueden colocarse detrás de la cabeza de la persona. Esta es una forma de cuidarse a sí misma que se remonta a la época cuando la persona era un bebé y tenía su cabeza soportada por las manos de su madre.

Rostro expresivo

Un rostro inexpresivo es aquel que está en blanco y sin expresión alguna. Las personas en ocasiones lo adoptan para protegerse. Es un gesto diferente ya que la mayoría de los rostros de las personas muestran algunas señales de animación. Si te encuentras con alguien con ojos inexpresivos y un rostro sin vida, sabrás que la persona se ha rendido y solo está en espera de que termine la situación.

Hace muchos años, llevé a cabo una serie de talleres dentro de una prisión. Muchos de los prisioneros tenían rostros inexpresivos permanentes, que usaban para volverse inofensivos e invisibles. En una situación como esta, es una forma de protección extremadamente útil.

Las personas también ponen rostros inexpresivos en situaciones donde hay demasiadas personas, como en autobuses, metros y elevadores. Estas personas también evitan el contacto visual y se mueven tan poco como sea posible.

Alguien que está enojado podría mostrar un rostro inexpresivo para que otras personas no sepan lo furioso e irritado que se siente.

Como puedes ver, la cabeza y el rostro son extremadamente reveladores y proporcionan mucha más información de lo que la mayoría de la gente podría creer. En el siguiente capítulo analizaremos el cuerpo, desde el cuello hasta los pies, y veremos lo que podemos aprender de él.

*La sordera me ha vuelto agudamente consciente tanto
de la duplicidad de que es capaz el lenguaje,
como de las muchas expresiones
que el cuerpo no puede ocultar.*
—Terry Galloway

Capítulo tres

Del cuello hacia abajo

Si te sientes feliz, contento y positivo acerca de la vida, esto se mostrará con claridad en tu cuerpo. Tu cuerpo también revela claramente si te sientes infeliz, estresado o amenazado. Aun cuando las personas pueden a menudo enmascarar sus sentimientos en sus rostros, pocas logran con éxito controlar las expresiones subconscientes generadas por sus cuerpos. Estas personas pueden decir algo, pero si el cuerpo no refleja a su vez las palabras habladas, crean una incongruencia que puede ser interpretada por otras personas. A los actores se les enseñan los fundamentos de esto en una escuela de actuación, ya que es importante para ellos ser congruentes en sus interpretaciones. En realidad, una vez que sus cuerpos forman las posturas correctas, casi no necesitarán actuar, ya que estarán efectuando las acciones correctas de manera automática.

El cuello

El cuello es una parte muy vulnerable del cuerpo. Por consiguiente, es una señal de protección subconsciente cuando las manos de alguien se mueven hacia esa área.

Si alguien se rasca su cuello mientras le hablas, esta es una señal de que la persona es escéptica de lo que le dices y es probable que no te crea. Por lo general, la persona se rasca con el dedo índice de la mano dominante. En ocasiones, la cabeza se inclina hacia un lado mientras la persona se rasca.

Si alguien se frota su cuello mientras le hablas, esta es una señal de irritación o de estrés. De hecho, la persona está diciendo, "eres como un dolor en el cuello".

Si alguien se frota su cuello, esta es una señal de que la persona utiliza el contacto para aliviar la tensión y tranquilizarse. Los hombres y las mujeres difieren en la forma en que efectúan este gesto. Las mujeres por lo general se tocan un lado de su cuello o la muesca en la base de su cuello. En ocasiones, se acarician un collar para obtener el mismo efecto. Los hombres tienden a sujetarse el frente de la garganta, cerca de la manzana de Adán.

Si las manos de alguien de repente sujetan la garganta, esta es una señal de que ha visto o escuchado algo impactante y preocupante.

Si la manzana de Adán de alguien da un salto involuntario, esta será una señal de vergüenza o de estrés. Puede significar que la persona ha escuchado algo con lo que no está de acuerdo. El movimiento de la manzana de Adán es difícil de controlar y esto lo convierte en una guía útil para descubrir los sentimientos verdaderos de la persona.

Los hombros

Los hombros son sencillos de interpretar, ya que son extremadamente movibles. Pueden estar subidos, bajados, encogidos, encorvados, derechos y redondeados. Una persona que se siente cómoda y relajada habrá bajado sus hombros, ya que están libres de tensión y sus brazos estarán sueltos. Si la misma persona se vuelve ansiosa o alarmada, sus hombros se elevarán y moverán hacia el frente. Si la situación es lo suficiente seria, esta persona también bajará su cabeza en medio de sus hombros. Los hombros encorvados pueden ser el resultado de una mala postura. Si esta no es la causa, la persona podría sentirse abrumada y resignada.

La tensión se acumula en los hombros. Los hombros tensos se suben ligeramente y la cabeza se sostiene un poco más abajo que lo normal. Esto puede ser una señal de ansiedad o preocupación. Si la persona también desvía su mirada, será una señal de que desea que la dejen sola. Alguien que sufre de estrés y tensión en el trabajo todos los días tendrá hombros tensos de manera constante, los cuales pueden producir dolores de cabeza y de espalda.

Las personas encogen sus hombros por diversos motivos. Esto puede demostrar indiferencia o vergüenza, ser parte de una disculpa o ser un indicador de que la persona ya ha tenido suficiente y se ha dado por vencida. Por lo general, el encogimiento es un gesto deliberado, pero también se puede hacer de manera inconsciente y revela lo que la persona piensa verdaderamente, sin importar lo que podría estar diciendo.

Cuando alguien sube sus hombros en señal de disculpa, por lo general mira hacia arriba o hacia abajo para evitar la mirada de la otra persona y sostiene ambas manos con las palmas hacia arriba en un gesto tradicional de apaciguamiento.

Los hombros se sostienen nivelados la mayor parte del tiempo. Si uno de los hombros se sostiene notablemente más arriba que el otro, es una señal de que la persona evalúa algo. Podría decirse que está "pesando" los pros y los contras de la propuesta.

En el mundo occidental, los hombros derechos son una señal de honestidad e integridad. Sin embargo, si están derechos de forma exagerada, con frecuencia esto será una señal de inseguridad. La persona ha enderezado de manera deliberada su espalda y ha puesto sus hombros derechos en un intento por parecer confiada.

Alguien que mantiene sus hombros derechos todo el tiempo será rígido, nervioso e inflexible. Alguien con hombros que están derechos y también relajados tendrá confianza y se sentirá en control total de su vida.

Los hombros hundidos con frecuencia son una señal de ansiedad, tristeza e incluso depresión. También pueden indicar una autoestima insuficiente, falta de confianza e inseguridad. Sin embargo, hoy en día es más probable que los hombros encorvados sean ocasionados debido a que la persona pasa demasiado tiempo en la computadora. Si te das cuenta de que tus hombros están encorvados, muévelos hacia adelante y hacia atrás unas cuantas veces para eliminar la acumulación de estrés en los músculos de los hombros. En ocasiones, las personas dejan caer sus hombros de manera deliberada para expresar exasperación. Este gesto con frecuencia es acompañado con un suspiro y una sacudida ligera de la cabeza.

Llevar los hombros hacia adelante y abrazarlos es un gesto de consuelo que proporciona sentimientos de confianza y seguridad. Subliminalmente les recuerda a las personas cómo abrazaban a sus padres cuando eran unos niños pequeños.

Alguien que cruza sus brazos, con los dedos expuestos y los hombros empujados hacia el frente, está enojado, es agresivo y está provocando una pelea.

Cuando hablas cara a cara con alguien, colocas tus hombros de forma paralela a los de la persona con la que hablas. Cuando haces esto, la otra persona subliminalmente siente que estás interesado en lo que se dice. Poner derechos tus hombros te hace parecer más grande y con más confianza en ti mismo.

El pecho

Es posible determinar el estado emocional de las personas al observar cómo sostienen sus pechos. Alguien que acaba de recibir un premio podría tener un pecho que está "henchido de orgullo". Este también puede ser un gesto afirmativo. Alguien que acaba de experimentar un contratiempo mayor podría revelar lo opuesto y mostrar unos hombros redondeados y un pecho cóncavo.

Cuando los hombres se sienten cómodos y felices, es probable que se desabrochen sus sacos para revelar una mayor área de sus pechos.

Colocar una mano sobre el pecho para indicar lealtad se remonta a la antigua Grecia. Hace 2000 años, se creía que el corazón era el centro del ser en una persona. Por consiguiente, colocar una mano en el corazón significaba mucho más que las emociones y sentimientos de lo que pensamos en la actualidad. Este es el motivo por el cual las personas que hablan se tocan sus pechos cuando desean referirse a ellas mismas.

Los brazos

Los brazos son un sitio seguro para tocar el cuerpo de otra persona. Si deseamos atraer la atención de alguien, posiblemente podemos darle un golpecito ligero en su brazo. Si ayudamos a un extraño a cruzar una calle, lo tomamos por el brazo. Si ayudamos a un anciano a levantarse de una silla, lo sostenemos de su codo. Si guiamos a alguien a un sitio específico, colocamos con suavidad una mano en su brazo. En la mayoría de los lugares, dos personas pueden entrelazar sus brazos y caminar juntas, sin que nadie considere nada más que una amistad. Los brazos son considerados una parte del cuerpo segura y sin ninguna connotación sexual.

Las personas que se sienten cohibidas nunca están seguras de qué hacer con sus brazos y manos. Pueden ocultar sus manos en los bolsillos del pantalón, apretarse o tocarse las manos frente a ellos o quizá hacer como hace el Duque de Edimburgo y apretárselas atrás en sus espaldas. Por lo general, les parece difícil dejar que sus brazos y manos cuelguen a sus costados.

Esto es infortunado, ya que las personas que permanecen de pie con sus piernas separadas y sus brazos colgando con soltura a sus costados dan la impresión de confianza. Las demás personas confían instintivamente en ellas, ya que la postura es tranquila, firme y simétrica.

Brazos cruzados

Los brazos cruzados parecen ser defensivos y hacen parecer a la persona cerrada de mente y negativa. Esto es algo del lenguaje corporal que la gente sabe. Sin embargo, alguien con los brazos cruzados no necesariamente los usa como una barrera. A pesar de que puede parecer algo defensivo, las personas cruzan sus brazos por muchos motivos. Podrían sentir frío, podría no haber descansos para los brazos o sencillamente podrían sentirse cómodas abrazándose ellas mismas. Podría incluso ser un hábito. Las personas tienden a imitar a otros. En consecuencia, si una persona en un grupo cruza sus brazos, es posible que otros imiten el gesto de forma subconsciente.

Sin embargo, si estás intentando venderle algo a una persona que tiene sus brazos cruzados, deberás asegurarte que la persona no esté a la defensiva y colocando una barrera a tu discurso. Puedes deshacer esta postura si les entregas en la mano algo para que lo vean.

También existen variaciones de brazos cruzados. Un exjefe mío siempre colocaba una mano en la mesa de negociaciones y entonces colocaba su otra mano encima de la primera. Esto creaba una barrera que las personas con las que trataba tendrían que atravesar si querían lograr una venta. Otra técnica que utilizaba cuando estaba de pie, era sujetarse un brazo con su otra mano. No tengo idea si hacía estos movimientos de manera deliberada, pero en realidad estas eran versiones disfrazadas de los brazos cruzados y servían para el mismo propósito cada vez que estaba en una negociación.

Puedes estar seguro que los brazos cruzados son una barrera si puedes detectar tensión en los dedos de la persona. Por ejemplo, si alguien se oprime la parte superior de sus brazos, es una señal de que sufren de tensión o de estrés.

Movimiento giratorio de brazos

Los gestos con un movimiento giratorio de brazos se usan para enfatizar el entusiasmo de la persona por lo que está diciendo. Sirven como una forma de resaltar algo.

Si el movimiento giratorio comienza lejos del cuerpo y finaliza con las manos tocando o casi tocando el pecho, es una señal de que la persona acepta la responsabilidad. En silencio dice, "Estoy a cargo" o "Lo haré".

Enfatizar con los brazos

Los brazos se utilizan con frecuencia para enfatizar lo que la persona está diciendo. Los gestos pueden ser pequeños o grandes y en ocasiones parece como si la persona fuese un director que dirige una orquesta. En términos generales, mientras más apasionada esté la persona acerca del tema, más animadas se vuelven sus manos y brazos. Es posible incrementar la energía de una reunión al aumentar el tamaño y la frecuencia de tus gestos. Sin embargo, necesitas tener cuidado de no exagerar con esto, ya que podría hacerte parecer menos convincente y con menos autoridad.

Jalón del antebrazo

Los oyentes también usan movimientos del brazo. Por ejemplo, podrían rotar el brazo para animar al hablante a apresurarse y exponer su punto de vista.

Los brazos también se pueden usar para comunicar insultos. Uno de los gestos más conocidos de este tipo en todo el mundo, es jalar el antebrazo. Una mano sostiene al otro brazo por encima

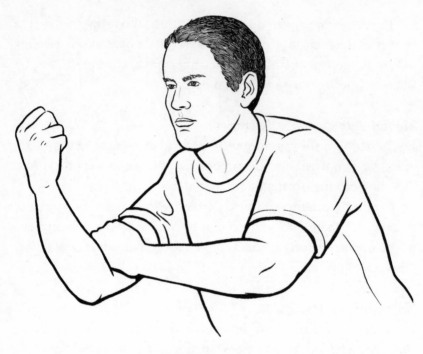

Jalón del antebrazo

del codo, mientras el antebrazo actúa como un símbolo fálico y hace un movimiento de jalón.

Las manos

Las manos ocupan el segundo lugar después del rostro en su capacidad de enviar mensajes sin palabras. Es cierto que se utilizan más para este propósito que cualquier otra parte del cuerpo. Las personas casi siempre mueven sus manos de manera inconsciente cuando hablan. Estos movimientos ayudan a darle énfasis a diferentes palabras y revelan con claridad los sentimientos de la persona. Incluso las personas que nacieron ciegas usan sus manos para ayudarse a hablar.

Las manos también se usan para ayudar a las personas a calmarse cuando están ansiosas o estresadas. Tocar cualquier parte del cuerpo puede ser tranquilizante, pero la mayoría de las personas se dan golpecitos, se frotan o se tocan en el rostro o el cuello. Como un movimiento de manos excesivo puede ser una señal de ansiedad, quizá desees pensar acerca de lo que puedes hacer con tus manos en una situación en particular. Podrías decidir colocar tus manos en tu regazo, ya sea separadas o entrelazadas, si estás sentado, o a tus costados, si estás de pie.

Las palmas

Cuando las palmas de las manos son expuestas volteadas hacia arriba, la persona está enviando un mensaje de honestidad y franqueza. También puede ser un gesto de súplica.

Cuando las palmas son expuestas hacia abajo, la persona está expresando dominación y un deseo de control. Un padre que les dice a sus hijos que se callen es posible que utilice este gesto, con las manos moviéndose un poco hacia arriba y hacia abajo.

Cuando las manos se sostienen paralelas con las palmas una frente a la otra y los dedos abiertos, la persona se siente confiada y en control.

Las palmas colocadas hacia el frente es la señal internacional para "alto". Los oradores la utilizan cuando le informan a una audiencia muy platicadora que es hora de poner atención. Los maestros de escuela la usan todo el tiempo. También se puede usar en una conversación cuando el hablante desea terminar lo que tiene que decir. En este caso, esto le dice a la otra persona que lo escuche y que aguarde su turno.

Un amigo mío se frota sus palmas cuando escucha algo que lo emociona o lo motiva.

Las palmas sudan solamente cuando la persona sufre de estrés. En un día caluroso de verano, otras partes del cuerpo sudarán, pero las palmas se mantendrán secas. Cuando alguien se pone ansioso, sus palmas se humedecerán de forma gradual y esto se incrementará hasta que pase la ansiedad. He visto personas con pequeños charcos de agua en el centro de sus palmas, ocasionados por la ansiedad y el estrés.

Dedos en forma de pirámide

Dedos en forma de pirámide

Cuando todos los dedos de una mano tocan los mismos dedos de la otra mano, puedes formar lo que se conoce como dedos en forma de pirámide. Esta es una señal de confianza, autoridad, control y poder. Muestra que la persona se siente totalmente relajada y tiene confianza en los pensamientos que expresa. Sin embargo, también puede ser considerada como arrogancia y debería ser usada con moderación.

Si la persona coloca sus dedos en forma piramidal mientras hablas, esta es una señal de que se encuentra pensando con cuidado acerca de lo que dices. Aunque tú eres el que habla, la persona siente que está en control.

Pulgares arriba

El gesto de los pulgares arriba es una señal de que todo está bien o de que la persona a la que se le muestran ha hecho todo bien. También significa "de acuerdo". Bill Clinton utilizaba el gesto de los pulgares arriba con frecuencia.

En la mayor parte del mundo occidental, los viajeros de "aventón" usan este gesto para conseguir que alguien los lleve. Sin embargo, en Nigeria este gesto es considerado una grosería y si lo usas allá podrías ser agredido.[1]

Pulgar señalando

Señalar a alguien con tu pulgar por lo general es una señal de desprecio y falta de respeto. Este gesto se puede usar para ridiculizar a alguien. A las mujeres, en particular, les desagrada este gesto.

Corte de tajo en la mano

Cuando la mano del lado dominante de la persona golpea la palma de la otra mano con un movimiento similar a cortar de tajo, significa que enfatiza con firmeza un punto de vista. Por lo general, este movimiento se utiliza cuando la persona defiende su postura. En casos extremos, el movimiento de corte de tajo se usa para enfatizar cada una de las palabras. Este movimiento de corte a menudo es considerado como una acción agresiva y, si acaso se usa, debería ser con moderación.

Señalar con el dedo

Señalar con tu dedo índice a alguien por lo común es considerado de mala educación y ofensivo. Por lo general se usa cuando alguien desea afirmar su autoridad o control. Una forma más amable de señalar es usar toda la mano, ya sea en una posición vertical o con la palma hacia arriba.

Señalar con el dedo puede ser un gesto útil cuando está dirigido en otra dirección, alejada de la otra persona. Se puede utilizar para distinguir los diferentes argumentos que usa el hablante y ayuda a mantener el interés. Si estás revisando un contrato con alguien, podrías señalar cada una de las cláusulas para enfatizarlas.

Gesto con un solo dedo

El gesto usando un dedo o el "saludo con un dedo" se ha empleado como un gesto insultante al menos desde hace 2000 años. Los antiguos romanos lo llamaban *digitus impudicus*, lo que significa "dedo insolente". En Occidente, el dedo medio señalando hacia arriba simboliza un falo. Los otros dedos se mantienen cerrados y el dorso del puño está frente a la otra persona. El dedo levantado puede mostrarse inmóvil o sacudirse hacia arriba una y otra vez.

Se pueden observar en otras partes del mundo algunas variaciones del dedo hacia arriba. En el Medio Oriente, la mano se sostiene con la palma hacia abajo, paralela al suelo. Los dedos están separados y el dedo medio señala hacia abajo. En Brasil, todo el antebrazo actúa como el falo y se agita hacia arriba para transmitir un insulto poderoso conocido como "la banana".

La hoja de parra

El gesto de la hoja de parra ocurre cuando las manos se colocan una encima de la otra y son mantenidas enfrente de la parte baja del tronco. En los hombres esto parece como si estuvieran protegiendo sus genitales. Las mujeres también utilizan este gesto en ocasiones. Es un gesto protector que muestra que la persona se siente vulnerable, insegura o aprensiva. Es una señal de dolor emocional. Este gesto también se puede hacer sosteniendo algo enfrente de la parte baja del tronco, como un portafolios o una bolsa de mano.

Cuando era adolescente, una chica que vivía cerca siempre sostenía su mochila o algo más, en esta posición. A pesar de que en ese tiempo yo no tenía idea de lo que significaba ese gesto, estaba fascinado por su postura, ya que todo el tiempo la veía sosteniendo algo en la posición de hoja de parra. Espero que haya logrado superar sus miedos de adolescente.

Manos detrás de la espalda

El Duque de Edimburgo por lo general sostiene sus manos detrás de su espalda cuando se encuentra en público. Este gesto significa dominación y le dice a las otras personas que mantengan su distancia. Cuando yo asistía a la escuela preparatoria, varios maestros solían caminar alrededor del patio con sus manos colocadas detrás de sus espaldas. Además de dominación, esto también podría ser una señal de que la persona piensa acerca de algo y no desea ser interrumpida.

Mantener las manos detrás de la espalda es un gesto interesante, ya que esto oculta las manos. Por lo general es mejor mantener tus manos visibles y usarlas en tu interacción con otros. Las manos son extremadamente expresivas y ayudan a tus palabras habladas. Desde luego, tus manos también permiten que toques a otras personas en los momentos apropiados.

Frotar manos y dedos

El estrés y la ansiedad se revelan cuando alguien se frota sus manos y dedos. Frotarse las manos una con otra o acariciar los dedos de una mano con la palma de la otra son señales de nerviosismo y tensión. Es una señal de estrés si los dedos de ambas manos están entrelazados y luego se frotan unos con otros. Retorcerse las manos es otra señal común de tensión y estrés.

Puño cerrado

Un puño cerrado es una señal de enojo encubierto. Muestra que, a pesar de otros signos positivos como una sonrisa, la persona no está contenta y es probable que le desagrade la persona con la que se encuentra.

Un puño cerrado también puede significar inseguridad. Cuando los dedos están bien doblados dentro de la palma, la mano se mira más pequeña, lo cual también hace que la persona se sienta más pequeña.

Estrechar las manos

La tradición de estrechar las manos es muy antigua; se han encontrado dibujos de personas estrechándose las manos que datan al menos del año 2500 a. C. Aunque nadie sabe cómo se desarrolló, se cree que es un gesto de paz, ya que las dos personas se sacuden sus manos derechas, las cuales están vacías evidentemente.

Estrecharse las manos es un acto consciente más que inconsciente. Por consiguiente, estrictamente hablando no es parte del lenguaje corporal. Sin embargo, ya que un apretón de manos es muy revelador, vale la pena mencionarlo.

Cuando conoces a alguien por primera vez, es probable que se estrechen la mano. Esta es una señal de franqueza, confianza y cordialidad. Si deseas causar una buena impresión asegúrate de que tus manos estén secas y sonríe y mira a la persona a los ojos mientras le estrechas la mano. Si deseas parecer sumiso podrías evitar el contacto visual o quizá mirar brevemente a los ojos a la persona. Cuando sea posible, ponte de pie para estrechar la mano.

Un apretón de manos normal implica que las dos manos de las personas se sujeten en una posición vertical. Las dos personas deben estar una frente a la otra, establecer contacto visual y sonreír. Las palmas de ambas manos deben entrar en contacto una con otra y presionarse con firmeza pero no con demasiada fuerza. Se debe comenzar a hablar antes de soltar la mano de la otra persona. Cuando las manos se separan, continúa mirando a la otra persona durante un segundo o dos. Muchas personas miran hacia abajo en este momento, exhibiendo un gesto sumiso. Cuando desvíes la mirada, mira hacia un lado o el otro, en lugar de mirar hacia abajo.

Si deseas demostrar franqueza y disposición para platicar, puedes ofrecer una mano con la palma un poco vuelta hacia arriba. Este es el polo opuesto del apretón de manos dominante.

Las personas que desean parecer dominantes o superiores sostienen la palma de su mano hacia abajo para conseguir una verdadera "mano ganadora". No hace mucho tiempo, un amigo mío planeaba comprar una cama nueva. Le recomendé una tienda que nos había vendido una buena cama unos años antes. Mi amigo entró en la tienda pero de inmediato se salió ya que el vendedor le había dado un apretón de manos dominante. Siempre es desagradable recibir un apretón de manos de este tipo y la cantidad de negocios que pierden las personas que lo usan debe ser incalculable. Si deseas tener buenas relaciones con los demás, nunca debes usarlo.

Si deseas, existen remedios que puedes usar si alguien te estrecha la mano de manera dominante. Sin embargo, la persona sabrá exactamente lo que haces y se puede sentir ofendida. Puedes sostener tu mano extendida en una posición vertical y esperar a que la otra persona la apriete. En ocasiones, esta persona intentará voltear la palma de tu mano hacia arriba mientras la aprieta. Cuando esto ocurre, no deberías dudar en resistirte. Puedes colocar de inmediato tu otra mano sobre la mano de la persona, haciendo un sándwich con su mano entre las tuyas. Otra alternativa es que puedes dar un paso al frente dentro del espacio corporal personal de esa persona y, mientras haces esto, girar las manos a una posición vertical. Si sientes que la situación lo exige, podrías incluso girar las manos hasta que tu mano esté encima. En un curso sobre lenguaje corporal que impartí hace muchos años, uno de los estudiantes nos mostró cómo trató un apretón de manos dominante. Tan pronto como la persona le estrechó su mano, la levantó, tomando la mano de la persona consigo y besó el dorso de la mano de la persona dominante. Yo no he sido lo suficiente valiente para intentar ese método, pero seguramente es efectivo.

El apretón de manos más inusual que he recibido fue cuando conocí a Kreskin, el famoso artista síquico. Él tiene un apretón de manos extremadamente vigoroso que levanta y baja las manos al menos unos 30 centímetros en cada dirección. Le estreché su mano hace casi 40 años y nunca lo he olvidado.

Las personas se estrechan las manos de muchas formas. Todos han experimentado el apretón de manos del quebrador de huesos y del pescado muerto. El apretón del quebrador de huesos implica una cantidad excesiva de presión. Este tipo de apretón de manos por lo general se efectúa por personas agresivas que desean usar su fuerza física para controlar y dominar a otras personas. Sin embargo, también se puede hacer involuntariamente por personas que están emocionadas de conocerte o que sencillamente no son conscientes de su fuerza.

El apretón de manos del pescado muerto ocurre cuando te ofrecen una mano sin nada de fuerza. Este tipo de apretón de manos a menudo se usa por personas que son sumisas y les falta más confianza. Este apretón siempre parece débil e ineficaz. Sin embargo, muchas personas que estrechan manos de forma repetida o llevan a cabo un trabajo delicado con sus dedos, usan este tipo de apretón para proteger sus manos. ¿Si fueras un concertista de piano te arriesgarías a estrechar la mano con fuerza a un quebrador de huesos? El director general de la primera compañía en la que trabajé después de salir de la escuela, era alto, atlético y carismático. Su personal hablaba con frecuencia de su apretón de manos, ya que solía usar el del pescado muerto, algo que parecía totalmente diferente a su personalidad. Sin embargo, controlaba una gran empresa con miles de empleados alrededor del mundo. Cada vez que visitaba las diferentes empresas filiales se empeñaba en estrechar la mano de todos. Esto significaba que con frecuencia estrechaba cientos de manos al día, así que adoptó el apretón del pescado muerto para proteger sus manos.

Existe otra razón importante de por qué algunas personas dan un apretón de mano débil. Por ejemplo, las personas que sufren de artritis pueden dar un apretón de mano débil porque les resulta doloroso estrechar las manos. Un amigo mío que padece artritis ha creado un apretón de manos interesante usando únicamente su pulgar. Ofrece su pulgar y después de unos momentos de titubeo, la otra persona por lo general enlaza su pulgar al de él y ambos se estrechas los pulgares.

El apretón de manos de los políticos ocurre cuando alguien envuelve la mano de la otra persona con sus dos manos. Esto supuestamente es para mostrar que te agrada la persona o al menos para hacer creer que te agrada. Sin embargo, a la mayoría de las personas que lo reciben no les gusta. Si deseas enfatizar el hecho de que te agrada alguien o que te entusiasma conocerlo, toca con suavidad el brazo o el codo de la otra persona con tu otra mano mientras estrechas su mano.

Tanto el expresidente George W. Bush como el expresidente Bill Clinton usan su otra mano para tocar a las personas a quienes les estrechan la mano. George W. Bush toca el hombro o el codo de la persona y Bill Clinton usa su mano izquierda para jalar a la persona más cerca de él. Los dos gestos son más cordiales y son recibidos de forma más positiva que los apretones de mano comunes de los políticos.

Estrechar la mano de una persona puede durar diferentes lapsos de tiempo, dependiendo del lugar donde ocurra. En la mayoría de los establecimientos de negocios, el apretón de manos dura unos tres segundos y la mano es sacudida de dos a cuatro veces. En Japón, las personas continúan sacudiendo tu mano hasta que la sueltes con suavidad.

Hay ocasiones cuando tú eres quien inicia el apretón de manos y también otras ocasiones cuando esperas a que la otra persona extienda primero la mano. Si eres el anfitrión, tú eres quien extiende la mano para darles la bienvenida a los invitados. Si te ves obligado a asistir a una reunión donde hay una disputa de alguna clase, es probable que sea inapropiado ofrecer la mano para saludar cuando llegas a ella. Sin embargo, si el problema se resuelve, es probable que estreches las manos de las otras personas al final de la reunión.

En cualquier ocasión en que no sepas con certeza quién debería iniciar el saludo de mano, extiende primero tu mano. Esto envía un mensaje de confianza y sinceridad. En situaciones sociales, es un gesto amistoso extender primero tu mano cada vez que te sea posible.

Es perfectamente apropiado para un hombre iniciar un apretón de manos con una mujer en un entorno de negocios. Sin embargo, como muchos hombres se sienten inseguros respecto a qué hacer en esta clase de situación, es una buena idea para la mujer iniciar el saludo de mano para así darle solución a lo que podría ser un momento incómodo.

A las personas que están ansiosas o nerviosas a menudo les sudan las manos. Esto crea una primera impresión desagradable, ya que nadie quiere sujetar una mano empapada de sudor. El remedio para esto es mantener tus manos fuera de tus bolsillos y tenerlas abiertas para permitir que cualquier transpiración se evapore de forma natural. Si las manos sudorosas son un problema, mantén un pañuelo limpio en tu bolsillo e inserta tu mano para secarla con el pañuelo poco antes de estrecharle la mano a alguien. Si no hay suficiente tiempo para esto, discretamente podrías limpiarte tus manos contra tu ropa para evitar dar un apretón de manos húmedo.

Se calcula que la persona promedio estrecha sus manos unas 15 000 veces en el curso de su vida. En 2010, cuando la empresa fabricante de coches Chevrolet estableció un compromiso de cinco años para asegurarse que todos sus tratos de negocios se realizaran de manera apropiada, le solicitó al profesor Geoffrey Beattie, director de los Servicios Sicológicos en la Universidad de Manchester, crear una fórmula para el apretón de manos perfecto. Esta fórmula incluía un apretón firme efectuado con una palma fría y seca, con aproximadamente tres sacudidas, un buen contacto visual, una sonrisa genuina y las palabras apropiadas, todo el proceso llevado a cabo se efectuaba entre dos y tres segundos.[2]

Cuando conoces a alguien, es una buena idea repetir el nombre de la persona mientras le sacudes su mano. A todos les agrada escuchar su nombre y también el hacer esto ayuda a recordarlo. Muchas personas no logran recordar un nombre debido a que no lo escuchan de forma apropiada la primera vez. Ya que antes de repetir el nombre de la persona tienes que escucharlo, hacer esto asegura que tienes una oportunidad tanto de oír como de decir el nombre de la persona. Esto incrementa enormemente tus posibilidades de recordarlo.

El apretón de manos es menos popular en la actualidad de lo que fue en el pasado y ahora los jóvenes utilizan otras formas de saludo, como un abrazo, un beso al aire, la palma con los cinco dedos arriba, un golpe de cadera, ondear la mano o un signo de paz.

El abrazo se ha vuelto mucho más popular en fecha reciente y es una manera amistosa e informal de saludar a los amigos. Es una señal intensa de amor y aceptación. Cuando los hombres abrazan a otros hombres, establecen contacto con sus brazos y el torso.

El beso al aire por lo general implica que las mejillas de las dos personas se tocan y el beso se efectúa en el aire próximo al rostro de la persona. En ocasiones se hace un sonido de beso pero no es indispensable.

El saludo de la palma con los cinco dedos arriba tiene su origen en la década de 1970 como una alternativa al apretón de manos. Es un gesto amistoso que simboliza felicidad, buen humor y energía. Este saludo se hace entre dos personas que levantan su mano con sus cinco dedos abiertos arriba de su cabeza y se dan una palmada en la mano una a la otra.

El golpe de cadera, conocido también como "rebote", se originó durante la Guerra de Vietnam y era un reconocimiento de que dos personas estaban del mismo bando. Un rebote entre dos amigos consiste de un toque suave con las caderas, con la mano sostenida de forma horizontal y los dedos enrollados de cada puño hacia abajo. Con las personas que no se conocen bien, el rebote se efectúa con el puño sostenido de forma vertical, con el pulgar arriba. Barack y Michelle Obama ayudaron a incrementar la popularidad del rebote cuando se mostraron en los noticieros imágenes de ellos haciendo un rebote horizontal durante su campaña presidencial de 2008.

El saludo ondeando la mano se efectúa cuando la mano derecha se levanta y se mueve un poco de un lado a otro. Se utiliza solamente en situaciones informales y por lo general se hace cuando dos personas están demasiado alejadas una de la otra para abrazarse o besarse.

La señal de la paz es una V hecha con el dedo índice y el dedo medio, con la palma de la mano volteada hacia afuera. Es una señal de paz reconocida internacionalmente si la palma está volteada hacia afuera. Es un gesto ofensivo en el Reino Unido, Irlanda, Australia y Nueva Zelanda cuando el gesto se hace con la palma volteada hacia adentro.

Necesitas estar consciente que algunas personas no se estrechan las manos por motivos religiosos. Por ejemplo, los judíos ortodoxos no tocan a personas del género opuesto. Algunos musulmanes creen que no deben tocar a nadie que no sea un pariente. Si alguien de la secta chiita toca a una persona que no es musulmana, se vuelve impura espiritualmente y tiene que recibir un ritual de purificación. La incapacidad para tocar a otras personas puede crear problemas, en especial en los hospitales, donde el contacto físico es una parte esencial del tratamiento de un paciente. En el Reino Unido, un solicitante musulmán de asilo recibió un premio por su trabajo como voluntario, pero lo perdió después que se rehusó a estrechar la mano de una mujer.[3]

Las manos en las caderas

Las manos colocadas con firmeza en las caderas se consideran con frecuencia una señal de desafío. Estar de pie con tus manos en tus caderas te hace parecer más grande. Por consiguiente, este gesto se usa a menudo para expresar confianza y reafirmar autoridad y poder. También puede ser una señal de que la persona no está dispuesta a cooperar.

Como este gesto hace parecer a la persona más grande, también puede parecer más amenazadora. Los brazos en jarras (que es como se denomina a esta postura de las manos colocadas sobre la cintura), a menudo se usan por personas con autoridad para expresar su dominio sobre los demás.

Asimismo, es un gesto insociable que se utiliza por las personas que desean repeler a otras, al menos por unos momentos. Por ejemplo, si dos personas se encuentran enfrascadas en una conversación, una de ellas puede permanecer con los brazos en jarras para enviar a los demás un mensaje silencioso diciendo que se mantengan alejados. Si alguien está parado con sus brazos en jarras, esta es una señal de que desea que lo dejen solo.

El gesto de estar con un solo brazo en jarras se usa por quien desea demostrar su distancia de las personas de un lado. Si la persona desea mantener su distancia de las personas que se encuentran a la izquierda, colocará su mano izquierda sobre la cadera y dejará que la mano derecha continúe al lado y así puede continuar su relación con las personas a su derecha.

Los hombres colocan sus manos sobre sus caderas con los dedos dirigidos hacia sus genitales. Las mujeres por lo general hacen lo opuesto y tienen el pulgar dirigido hacia el frente y los dedos señalando hacia las asentaderas. Sin embargo, un hombre puede parecer afeminado si coloca sus manos sobre sus caderas con el pulgar hacia adelante y sus dedos dirigidos hacia sus asentaderas.

Como todo gesto, el pararse con los brazos en jarras necesita interpretarse en su contexto. Si es un día húmedo y caluroso, alguien podría pararse de esta forma en un intento por enfriarse. En esta situación, el gesto no tiene nada que ver con el aislamiento o la agresión.

Las piernas

Las piernas y los pies son extremadamente honestos y rara vez mienten. Revelan confianza, nerviosismo, felicidad e incluso timidez y vergüenza. Pueden ser una señal de coqueteo o actuar como una barrera. También muestran si una persona desea irse.

Posición de pie

Cuando las personas están paradas con sus pies separados a la misma distancia que sus hombros, significa que se sienten relajados y cómodos. Cuando los pies están separados a una mayor distancia que esta, la persona parece más grande y por lo tanto parece más dominante y poderosa. Si los pies se colocan a una separación menor que la de los hombros o si incluso están juntos, la persona está a la defensiva y de forma subconsciente se hace parecer más pequeña. Si la persona está de pie con sus piernas tan juntas que las rodillas se tocan, esta es una señal de timidez e inseguridad.

Si alguien se para con el peso distribuido de forma equitativa en ambos pies, estará bien equilibrada y receptiva a nuevas ideas. Si la persona constantemente cambia el peso de un pie al otro, se sentirá incómoda e intranquila. Balancearse de un pie al otro, puede ser una acción tranquilizadora si la persona se encuentra en una situación de tensión.

Si la persona permanece de pie con el peso sobre una cadera y la otra pierna adelante, esta pierna puede servir para señalar hacia aquello que le interesa.

Cruzar las piernas mientras se está de pie a menudo es un gesto de protección que proporciona a la persona una barrera para repeler ideas o personas que le desagradan. Ya que esta es una postura inestable, en ocasiones puede ser un gesto sumiso. También puede indicar falta de confianza.

Caminar

Las personas caminan de formas diferentes, pero lo que hacen mientras caminan se puede leer e interpretar.

Las personas que caminan a zancadas dan pasos largos y caminan con gran energía. Alguien que camina a zancadas está muy motivado y enfocado en su objetivo. Esta persona sabe hacia dónde se dirige y no podrá ser desviada o desorientada.

La personas que caminan con paso decidido y pavoneándose, en lugar de caminar, con sus cabezas muy erguidas y pechos salidos le están diciendo a todos, sin usar palabras, qué tan engreídos son. Alguien que se pavonea le dice al mundo que tiene un ego enorme y que no va a dejar que nadie se interponga en su camino.

Las personas que pasean caminan de una manera ociosa. Alguien que pasea tiene tiempo de sobra y disfruta de caminar. Una caminata sin prisas es similar a un paseo, pero incluye pausas breves, cambios de dirección y tiempo para admirar el paisaje. La persona está relajada y tiene paz mental. Se encuentra confiada con tranquilidad de que todo resultará bien.

También hay un tipo de caminata lenta, constante y con pies pesados. Cada pie es colocado en el suelo con esfuerzo. Esto puede ser un indicador de que la persona está cansada, abatida o deprimida. Sin embargo, esto no se aplica si la persona camina hacia arriba en una pendiente muy inclinada, ya que la mayoría de las personas caminan lenta y pesadamente cuando suben una colina durante un cierto tiempo.

Hay personas que caminan arrastrando los pies de una manera pesada, sin levantar sus pies para nada. Alguien que hace esto es posible que sea una persona anciana, que tenga mala salud o que se encuentre deprimida. Si la persona está deprimida, es muy posible que los hombros estén caídos, la cabeza esté baja y que le sea difícil establecer contacto visual con otras personas. Esta persona caminará con mayor lentitud de lo que siempre lo hace aunque no se de cuenta de ello.

Alguien que camina de prisa es posible que esté estresada y que trate de hacer demasiadas actividades al mismo tiempo.

Alguien que camina a un ritmo constante, con los hombros hacia atrás y la cabeza erguida, es confiable, dedicado y disciplinado.

Alguien que camina con ambas manos en sus bolsillos posiblemente sea introvertido. Sin embargo, esto también puede indicar a alguien que está enojado o molesto y que oculta de forma deliberada sus sentimientos. Si alguien tiene ambas manos en sus bolsillos y también camina con lentitud, es muy posible que experimente rechazo y pudiera estar deprimida.

La interpretación es muy diferente si solo una mano está dentro del bolsillo. Esta es una señal de que la persona se siente optimista, despreocupada y relajada.

Alguien que camina con los brazos cruzados se siente a la defensiva y se está protegiendo. Si los brazos están cruzados de manera apretada, la persona se siente ansiosa o aprensiva.

Alguien que tiene pensamientos profundos posiblemente camine con lentitud mientras mira al suelo. Las manos podrían estar en los bolsillos o moviéndose poco. La expresión facial también sería meditabunda y podría incluir un ceño fruncido o acariciarse el mentón.

Posición sentada

Sentarse con las piernas separadas es cómodo para la mayoría de las personas. Sin embargo, también es una posición simbólicamente vulnerable ya que no proporciona ninguna protección para los genitales. Por consiguiente, pocas personas se sientan así en público, a menos que se sientan especialmente confiadas. La mayoría de las personas que se sientan con sus piernas separadas en público usan sus manos, o un objeto, como un libro o un portafolios, para cubrir el área genital.

Esta es una posición popular en situaciones donde la mitad inferior del cuerpo se encuentra parcial o totalmente oculta. Por ejemplo, en una cena con invitados, muchas de las personas sentadas alrededor de la mesa se sentarán con sus piernas separadas, ya que esta es una posición cómoda.

La mayor parte del tiempo, sentarse con la piernas separadas se hace cuando la persona está con familia o amigos cercanos. Es posible observar un grupo de personas y decir lo relajadas y tranquilas que están, viendo cuántas de ellas están sentadas con sus piernas separadas.

Esta postura rara vez es adoptada por mujeres, pero es algo común con hombres dominantes. Y efectivamente los hace parecer más grandes ya que ocupa un mayor espacio.

Bombear con la pierna

Este movimiento ocurre cuando alguien, a menudo un hombre, sube y baja la rodilla y el talón de un pie, en una acción similar a bombear algo. En ocasiones, este gesto se efectúa con ambas piernas de manera simultánea. El bombeo con la pierna es una señal de que la persona está feliz y satisfecha. Este gesto no se usa con frecuencia por las mujeres pero sí lo usan los hombres. No obstante, no debes interpretar un bombeo de piernas por sí solo, ya que también puede ser una señal de nerviosismo.

Los pies

Los pies han sido llamados la parte más honesta del cuerpo. Esto se debe a que las personas prestan atención a sus expresiones y a su lenguaje corporal, pero se olvidan de considerar los mensajes que son revelados por los pies.

Debido a que las personas tienen una tendencia hacia aquello que les agrada y se alejan de aquello que no les gusta, los pies proporcionan pistas valiosas que se pueden interpretar. La mayor parte del tiempo, las personas no están conscientes de la dirección hacia la que apuntan sus pies, pero cuando desean irse, uno o ambos pies se moverán apuntando hacia la puerta.

De la misma forma, cuando dos personas se conocen, sus pies podrían no apuntar en un principio hacia la otra persona. No obstante, según la conversación se desarrolla, sin que ninguna de las personas esté consciente de ello, sus pies cambiarán gradualmente de posición hasta que se estén señalando unos a otros. Si esto no sucede, existe, ya sea una falta de empatía, o una persona o ambas podrían tener prisa por irse a algún otro lugar. Si una tercera persona se les une, podrías decir si desean incluirla en la conversación observando sus pies. El pie más próximo al recién llegado debería girarse un poco en su dirección como una señal de que la persona es bien recibida para unirse a la conversación. Con suerte, ambas personas harán este gesto inconsciente.

Esto también se aplica cuando las personas están sentadas. Si ambos pies están bien plantados en el suelo, al menos alguno de ellos deberá estar apuntando hacia la otra persona para mostrar que se ha establecido una conexión.

Es posible observar quién ha sido incluido y quién no, con solo mirar los pies de un grupo de personas. Si los pies de todos señalan hacia el centro del grupo, todos se encuentran en armonía.

Pierna rápida y movimiento de pie

Existen dos posibilidades cuando alguien comienza a menear sus piernas y brazos. Esto podría ser una señal de impaciencia y un deseo para que la otra persona apresure la conversación. El golpeteo repetitivo de un pie es una señal de aburrimiento y también de que la persona está contando el tiempo de manera subconsciente. Asimismo, puede ser una señal de felicidad. Cuando algo bueno sucede, las personas a menudo menean sus piernas y pies. Incluso cuando caminan, es posible detectar un balanceo en su paso.

Los movimientos frecuentes de los pies son una señal de incomodidad e intranquilidad. En ocasiones, los pies se mantienen cruzados y uno de los pies se menea. Los pies pueden estar bien plantados en el suelo y uno de ellos golpetea este con impaciencia. En ocasiones, la ansiedad se oculta en forma parcial al subir y bajar los dedos de los pies. Los movimientos frecuentes de los pies también son una señal de que la persona miente. Este será el caso si los pies se encuentran ocultos en parte por una mesa o un escritorio.

Pies señalando

Es un indicador de que alguien desea irse cuando sus pies se mueven o señalan un punto alejado de ti. Es interesante advertir que los pies indican la dirección en que la persona desea irse. Este gesto también se puede encontrar en personas que no pueden abandonar una conversación o reunión y que preferirían mejor estar en otro lugar.

Si alguien se sienta con sus pies señalando hacia adentro, esta es una señal de servilismo y una falta de confianza. Las personas en ocasiones adoptan esta postura cuando se sienten humilladas y heridas. Si la persona se sienta con sus pies señalando hacia afuera, significa que se siente confiada y en control de la situación.

Postura amplia con las piernas abiertas

Se ha convertido casi en una broma decir que alguien tiene una "postura amplia"★ pero en realidad esta postura es una señal de posesión territorial; muestra a la persona confiada y en control. Además, la hace parecer más grande y transmite autoridad, dominio y, en ocasiones, agresión. Por consiguiente, a veces es posible aliviar una situación potencialmente difícil al cerrar tus piernas un poco para reducir tu tamaño de manera simbólica.

A pesar de lo extraño que pueda parecer, esta postura se observa a menudo en personas que desean ejercer su dominio pero en realidad se sienten inseguras de su capacidad para lograrlo. Una vez que han conseguido su objetivo, desaparece la necesidad de estar de pie con las piernas muy separadas.

Piernas cruzadas

Alguien que está de pie con sus piernas cruzadas en los tobillos se siente relajada y cómoda. Sin embargo, si las piernas están tensas y rígidas, las piernas cruzadas le sirven como una barrera. En casos extremos, los brazos también estarán cruzados y esto muestra que la persona está totalmente cerrada a todo lo que se le proponga.

Las personas a menudo se sientan con las piernas cruzadas. Cruzar las piernas en los tobillos es una posición muy común. En un entorno informal es común que algunas personas estiren sus piernas y las crucen en los tobillos. Esto muestra que se sienten relajadas y cómodas.

Cruzar las piernas a la altura de las rodillas se puede hacer por comodidad, en especial por las mujeres, pero también puede ser un gesto protector para mantener a las personas a cierta distancia.

★ N del T. En Estados Unidos, "postura amplia" o "wide stance" es un eufemismo para referirse a una persona homosexual, en especial si intenta ocultarse y guardar las apariencias.

Cruzar una pierna a la altura de la rodilla y descansar el tobillo encima de esta es un gesto masculino. Indica confianza, y debido a que requiere espacio demuestra dominio y una sensación de estar en control.

Si estás sentado junto a alguien que ha cruzado sus piernas podrías decir si la persona está interesada en lo que tienes que decir observando la dirección en que apunta la pierna levantada. Si apunta hacia ti, la persona está interesada. Por el contrario, si la pierna levantada señala un punto lejos de ti, la persona utiliza su muslo para bloquearte de manera subconsciente.

Los amigos imitarán entre ellos la posición de sus piernas. En una situación donde una persona es superior o más dominante que la otra, cruzará sus piernas en un forma diferente a la persona subordinada para enfatizar su presunta superioridad.

Si te sientas con tus piernas sujetadas con fuerza a los tobillos o por otro lado colocas tus piernas alrededor de las dos piernas frontales de la silla en que te sientas, esto muestra que te sientes incómodo y que estás dando a conocer tu ansiedad y preocupación a los demás. Mientras las piernas estén cruzadas con más fuerza, más a la defensiva estará la persona.

Muchas mujeres atraen la atención hacia sus piernas al sentarse con la pierna superior cruzada y presionada contra la pierna inferior. Esto ocasiona que la piel parezca con más tono y más joven. Este es un gesto muy femenino que la mayoría de los hombres encuentran extremadamente atractivo.

Si alguien se sienta con sus piernas cruzadas está aburrido; la pierna no se mueve mucho antes de regresar a la posición inicial, preparándose para otra patada ligera.

Frotación de los muslos

Algunas personas se frotan sus muslos con las manos cuando se sienten ansiosas o estresadas. Mientras más se incrementa el estrés, más vigoroso e intenso se volverá este gesto.

Pies inquietos

Los pies inquietos son señal de impaciencia. Si alguien golpea con un pie de manera rítmica es señal de que desea irse.

Espacio personal

Todos existimos dentro de una burbuja invisible de espacio personal que sicológicamente consideramos nuestra. Únicamente la familia y los amigos cercanos pueden entrar en ella sin hacernos sentir incómodos. La cantidad de espacio personal varía de lugar en lugar y de persona a persona. Mi suegro era un agricultor y necesitaba una gran cantidad de espacio personal. Las personas que crecieron en ciudades grandes necesitan mucho menos espacio personal. Las personas que viajan en un autobús, el metro o un elevador atestados, tienen que ceder temporalmente algo de su espacio personal. Sin embargo, este es recuperado rápidamente en cuanto la mayoría de la gente sale y le dan al resto de los pasajeros más espacio. La mayoría de las personas enfrentan este tipo de situaciones al voltear sus cabezas y evitar el contacto visual. Si tienen un periódico, una bolsa de mano o un portafolios, lo usarán como una barrera.

La mayoría de las personas se sienten incómodas si alguien que no conocen bien ingresa en su espacio personal. Esto se puede hacer de forma deliberada si alguien intenta dominar a una persona. En una fecha reciente, observé a un gerente pararse justo detrás de una secretaria para ver lo que estaba escribiendo en la computadora. El hombre literalmente respiraba encima de su cuello y sentí pena por ella ya que desconocía por completo el motivo de su evidente incomodidad.

No obstante, es más común que esto suceda de manera involuntaria cuando alguien que necesita poco espacio personal hable con alguien que necesita más. En ocasiones puedes ver esto en las reuniones sociales cuando una persona se aleja hacia atrás de alguien que trata de invadir su espacio personal.

Si deseas tener buenas relaciones personales con otras personas, es importante que no invadas su espacio personal. Todos sabemos la sensación de incomodidad cuando alguien invade nuestro espacio personal. Si platicas con alguien y da un paso hacia atrás, no vayas a dar un paso al frente inmediatamente, ya que es probable que lo hayas hecho sentir incómodo involuntariamente al entrar en su espacio personal.

Dos o tres veces a la semana me reúno con unos amigos en una cafetería de la localidad donde vivo. Las mesas son pequeñas, a pesar de esto todos mantenemos nuestras tazas, platos y otros utensilios en nuestras secciones de la mesa. Este es otro ejemplo de espacio personal. Si después de terminar mi bebida, empujo sin darme cuenta mi taza más de la mitad de la mesa, haré que la persona opuesta se sienta incómoda, ya que estaré invadiendo su espacio personal.

El espacio íntimo se extiende alrededor de unos 20 centímetros del cuerpo. Las únicas personas que pueden entrar en esta área sin ocasionar incomodidad son los miembros de la familia, los enamorados, los niños pequeños y los amigos cercanos.

La distancia personal se inicia alrededor de la distancia de un brazo o 20 centímetros del cuerpo, y se extiende hasta 1.20 metros del cuerpo. Esta es la distancia que estamos alejados de los amigos y colegas cuando conversamos con ellos.

La distancia social se extiende desde 1.20 metros hasta unos 2.20 metros del cuerpo. Esta es la distancia que estamos alejados de los conocidos y extraños. También es la distancia tradicional entre alguien sentado detrás de su escritorio y la persona sentada en la silla en el lado opuesto. En la actualidad, esa distancia se contrae con frecuencia mientras más y más personas trabajan en cubículos en lugar de despachos.

También existe el espacio público que se utiliza cuando alguien habla con grupos de personas. Este espacio se extiende desde unos 2.40 metros del cuerpo.

El estudio del espacio personal se denomina *proxémica*, un término acuñado en 1963 por el antropólogo cultural, el doctor Edward T. Hall (1914-2009). Hall derivó la palabra de *proximidad*, la cual significa cercanía o aproximación. En su libro, *La dimensión oculta*, explica los diferentes espacios que las personas necesitan mantener a su alrededor.

Posiciones corporales

Si dos personas están de pie y hablan entre ellas, la posición de mayor comodidad para que estén una frente a la otra es en un ángulo de 120 grados. Cuando tres personas conversan, el ángulo es de unos 60 grados. Casi todos hacen esto de forma automática. Ahora que lo sabes, podrás observar ejemplos de ello donde quiera que vayas.

Estar de pie directamente enfrente de alguien mientras se habla, puede parecer una actitud de dominación y posiblemente de confrontación.

Recuerda, no importa qué tanto te esmeres, no lograrás conseguir identificarte con todas las personas. Todos somos diferentes y de vez en cuando te encontrarás con una persona a quien no le agradas. Sigue siendo amable con ella pero concentra tu atención en las personas que te aprecian por todas las maravillosas cualidades que posees.

Ahora que ya sabes lo revelador que es realmente el cuerpo humano, miraremos los *clústers*, o grupos de posturas. Necesitamos hacer esto, ya que es difícil interpretar con precisión un solo gesto. Sin embargo, cuando este gesto es visto como parte de un grupo de posturas, la imagen general será más sencilla de interpretar y comprender.

Parte dos

Cómo interpretar
el lenguaje corporal

Una serie de pestañeos, golpecitos, sacudidas, giros
y cambios... el lenguaje corporal de un hombre deseando
con urgencia estar en alguna otra parte.
—Edward R. Murrow

Capítulo cuatro

Cómo interpretar una combinación de características

En ocasiones es posible conocer los sentimientos de alguien en una mirada, pero cada vez que puedas, observa a la persona por un rato antes de tomar una decisión. Al hacer esto, podrás observar cuando el lenguaje corporal de alguien cambia. No todas las acciones tienen un significado. Alguien podría frotarse su nariz debido a que tiene comezón o cambiar de posición para ponerse más cómodo. Pero si se toca la nariz o se mueve inquietamente cada vez que le haces una pregunta, podrías tener razón al dudar de su honestidad. No obstante, es fácil cometer errores en la interpretación del lenguaje corporal.

Los cambios más importantes ocurren cuando alguien se mueve de una postura abierta a una cerrada o viceversa. Si alguien se sienta, cruza sus brazos y piernas y establece poco contacto visual, puedes asumir con toda seguridad que está nervioso y que intenta protegerse de algo. Si después de unos pocos minutos, descruza sus brazos y piernas, comienza a mostrar más animación en su rostro y establece un mejor contacto visual, puedes asumir que se siente más relajado y está más abierto a lo que tienes que decir.

Por el contrario, si alguien parece relajado y abierto, pero entonces cambia a un lenguaje corporal más cerrado, sabrás que es probable que haya adoptado una actitud defensiva por algún motivo.

Por ejemplo, un vendedor tendrá más confianza cuando un posible comprador descruza sus brazos, ya que sabe que se ha removido una barrera. Si el comprador potencial entonces comienza a acariciarse lentamente su mentón, el vendedor sabe que él está considerando la oferta. Si luego sonríe y asiente con su cabeza, el vendedor probablemente haya logrado la venta.

En este caso, descruzar los brazos no fue suficiente para confirmarle al vendedor que el posible comprador iba a efectuar la compra. Los brazos podrían haber estado cruzados porque el cliente tenía frío o quizá cruzó sus brazos debido a un hábito. Incluso quizá haya querido mostrar su nuevo Rolex. Sin embargo, el *clúster* de gestos le indicó claramente al vendedor las intenciones del posible comprador.

Hace unas pocas semanas, el gerente de una librería me dijo que el libro que había ordenado para mí no había llegado. Cuando me informó esto, su cabeza hizo una ligera sacudida, su manzana de Adán empezó a subir y bajar, comenzó a parpadear con rapidez y subió una mano para frotarse una oreja. Me estaba diciendo la verdad cuando me informó que el libro no había llegado, pero estoy totalmente seguro, después de observar su lenguaje corporal, que había olvidado por completo ordenarlo.

Los gestos de sumisión con frecuencia ocurren en *clústers*. Por ejemplo, las personas que se sienten nerviosas podrían cubrir sus bocas, reducir su contacto visual, mostrarse inquietas, no saber qué hacer con sus manos y adoptar una postura hundida.

Además de observar esto en otras personas, también deberás prestar atención a las señales del lenguaje corporal que les estás enviando a otros. Si te sientes un poco nervioso y sostienes tus manos frente a ti como una forma de protección subconsciente, trata de poner tus brazos abajo, a tus costados, para exhibir un lenguaje corporal más abierto. Esto podría sentirse algo extraño en un principio, pero si continúas haciéndolo, se transformará en tu nueva realidad y las personas observarán que eres abierto y amigable. Ten en cuenta que agarrarse las manos quizá no sea la única señal de filtración. Si estás nervioso, deberías hacer unas pocas inhalaciones profundas, concentrarte en establecer un buen contacto visual, sonreír de manera genuina y escuchar lo que se dice. Con la práctica, te olvidarás de tu nerviosismo y podrás relajarte y disfrutar en una situación que con anterioridad encontrabas difícil.

Si es necesario, también podrías repetirte a ti mismo pensamientos positivos, ya que los pensamientos controlan tus acciones. Por ejemplo, si dices, "tengo confianza, estoy tranquilo y relajado en cualquier tipo de situación", tu postura cambiaría para reflejar eso.

En las interacciones diarias deberías tratar de exhibir una postura tan abierta como sea posible, para asegurar unas relaciones agradables, cooperativas y tranquilas con otras personas.

Suposiciones acerca del lenguaje corporal

Un amigo mío es fumador. La mayoría de las personas con las que se relaciona ignoran esto ya que fuma en áreas exteriores, envía su ropa a la tintorería con regularidad y come docenas de pastillas de menta para el aliento todos los días. Debido a su hábito de fumar, se pone ansioso cada vez que participa en una junta de trabajo muy prolongada, ya que está desesperado por salir a fumar un cigarrillo. Alguien que lo observe sin saber esto, asumiría que algo en la junta le ha ocasionado la ansiedad.

Hace muchos años, un cliente me preguntó si me ocurría algo malo, ya que de improviso me puse muy ansioso. La ansiedad no tenía nada que ver con la reunión de trabajo en la que me encontraba. De improviso había recordado que se suponía que debería estar en otra cita. Agradezco que me haya preguntado, de otra manera hubiera malinterpretado mi cambio en el lenguaje corporal. También fue lo suficientemente amable para reprogramar la reunión, así que pude salir de prisa a la otra cita.

Rascarse es otro ejemplo común. Las personas tienden a rascarse cuando se sienten estresadas, aunque la mayoría de las veces las personas se rascan porque tienen comezón. Una amiga mía padece de soriasis, la cual resulta afectada por el más ligero estrés o tensión. En su caso, ella se rasca con frecuencia de cualquier manera, pero se rasca mucho más cuando se siente presionada.

Las personas también tienen ciertas suposiciones con base en la postura de las personas. Un buen amigo mío había sido oficial del ejército durante más de 25 años. Así que marcha, en lugar de caminar, y tiene una postura erguida, muy derecha. Adonde quiera que vaya, la gente asume que es honesto, dedicado, confiable y que tiene una posición de autoridad.

Tengo otro amigo que camina de manera desgarbada. Su postura es descuidada y las personas asumen que es flojo y no tiene ambiciones. En realidad, es tan dedicado, honesto y confiable como mi otro amigo y tiene una posición superior.

La postura de mis dos amigos es un resultado del hábito. Después de 25 años en el ejército, es probable que a mi amigo militar le resulte difícil adoptar una postura de apariencia más relajada. El ejército dedicó muchas horas a enseñarle cómo mantener erguida su espalda y es probable que él haya invertido igual cantidad de tiempo para perder su postura natural dominante. De manera similar, recuerdo que mi amigo con postura desgarbada se ha mantenido con ella desde hace mucho tiempo. Ambos podrían cambiar sus posturas si realmente lo desean pero esto requeriría un esfuerzo considerable.

La postura de uno de ellos le decía al mundo exactamente quién era, pero el otro proporcionaba de manera inconsciente una impresión falsa que debía afectar la forma en que la gente pensaba acerca de él la primera vez que lo veían.

Otro amigo es algo así como un camaleón. Todo su lenguaje corporal cambia según el grupo de personas con las que está. Después de estar fascinado con esto durante mucho tiempo, le pregunté si deliberadamente imitaba a las personas con las que estaba. Él se sorprendió, ya que no tenía idea de lo que hacía. Imitaba de forma automática a las personas en todos los lugares adonde iba. Esto aseguraba que congeniara con las personas con las que hablaba y se encontraba cómodo en todos los tipos de situaciones. Sin embargo, alguien que lo hubiese juzgado con base en una observación rápida de su lenguaje corporal es probable que hubiese llegado a unas suposiciones completamente erróneas acerca de él.

En alguna etapa de su vida, mi amigo decidió, probablemente de manera inconsciente, que la mejor forma de ser aceptado era ajustar su lenguaje corporal para que fuera el mismo que el de las personas con las que se reunía. Esta era su manera de enfrentar situaciones potencialmente difíciles o causantes de estrés.

Un familiar mío es muy inquieto, y no puede estar sentado tranquilo por un cierto tiempo. No me gusta sentarme a su lado para ver una película, ya que se mueve constantemente en su asiento, aun cuando esté absorto con la película. Cuando se pone de pie, es probable que sacuda una pierna. Las personas que lo conocen por primera vez asumen que es nervioso e impaciente. Pero no es ni lo uno ni lo otro. Simplemente es una persona que no para de moverse.

Debido a todo esto, necesitas observar a una persona durante un rato para determinar cuál es su comportamiento normal. Solo entonces podrás darte cuenta de cualquier cambio en este y podrás hacer algo eficaz con la información.

La habilidad de poder relacionarte bien con los demás es una destreza extremadamente útil. Si dos personas tienen habilidades iguales, pero una posee destreza para relacionarse con otros y la otra no tiene esto, no es difícil predecir a cuál de las dos le irá mejor en la vida. La persona con habilidad para relacionarse bien con la gente tendrá mucho más amigos. Encontrará la vida más fácil, más sencilla y más fructífera en todas las maneras posibles. Por fortuna, el conocimiento del lenguaje corporal nos puede ayudar a conseguir identificarnos con otras personas. Ese es el tema del capítulo siguiente.

El único problema más importante en la comunicación
es la ilusión de que ya ha ocurrido.
—George Bernard Shaw

Capítulo cinco

Cómo causar una buena impresión

El identificarse con alguien ocurre cuando dos personas están en un estado de "unidad" una con la otra. Esta es una conexión armoniosa, comprensiva, compasiva, que ocurre cuando dos personas se relacionan muy bien entre ellas. Los buenos amigos experimentan este tipo de sentimiento cuando pasan un tiempo juntos. La palabra identificar en este sentido significa "llegar a tener las mismas ideas, creencias, sentimientos, propósitos, etc. que otra persona" y se deriva de las raíces latinas *ídem* (idéntico) y *facere* (hacer).

Uno de mis hijos es muy aficionado a los deportes. Cada vez que conoce a otro entusiasta de los deportes de inmediato los dos se identifican porque su entusiasmo por el juego es evidente y él recibe la misma energía de la otra persona.

Identificarse con los clientes es una herramienta de ventas importante y este es el motivo por el cual a los vendedores se les enseñan técnicas para ayudarlos a que se identifiquen con los clientes potenciales. La identificación es esencial en todas las áreas de la vida. Hace algunos años, cambiamos a nuestro veterinario debido a que no nos identificábamos con el primero que habíamos empleado. Cuando reemplacé mi automóvil, visité a varios distribuidores de automóviles hasta que encontré un vendedor con el que me sentía muy contento. Mi hija cambió a sus hijas de una escuela de ballet a otra porque no podía lograr identificarse con la dueña de la primera escuela. Sin una identificación con las personas no hay una relación.

Conseguir identificarse con las personas es esencial en el campo laboral. Si trabajas en una empresa de cualquier tamaño, tendrás una buena identificación con algunos de los empleados, pero podrías identificarte poco con otros. Sin embargo, si realmente lo deseas, puedes incrementar tu identificación con todos. El mejorar tus relaciones laborales hará tus días más placenteros y menos estresantes.

Hay un cierto número de acciones que puedes llevar a cabo para lograr identificarte con otras personas.

Contacto visual

Un buen contacto visual es importante en todos los encuentros cara a cara con otras personas. Sin embargo, no deseas ocasionar que la otra persona se sienta intranquila al mirarla directo a los ojos durante un tiempo prolongado. Una mirada fija prolongada, sin pestañear, es una buena forma de intimidar a las personas. Por el contrario, un contacto visual insuficiente se considera una falta de interés en la reunión.

Aprendí esto de una manera difícil. En los primeros años de la década de 1980, pasé una semana al mes leyendo las palmas de las manos en centros comerciales. Esto era muy popular y siempre tenía una larga fila de personas en espera de una lectura. Descubrí que podía conseguir más lecturas prácticamente ignorando el rostro de las personas y dedicando toda mi atención a su palma. No obstante, esto no resultó bien, porque las personas empezaron a considerar mi aparente falta de interés en ellas como un insulto y una falta de educación. Tan pronto como descubrí eso, comencé a mantener de nuevo un buen contacto visual.

Expresiones faciales

Para lograr identificarte con otras personas, asegúrate que tus expresiones faciales sean positivas. Las personas disfrutan pasar el tiempo con personas felices y positivas. ¿Preferirías convivir con alguien que se ve contento o con alguien que tiene un ceño fruncido en su rostro?

Sonrisa

Una sonrisa cariñosa y verdadera es una de las mejores formas de conseguir identificarse con alguien. Esta de inmediato te hace parecer más atractivo para la otra persona, quien casi siempre te responderá con una sonrisa. Es raro que una persona no responda a una sonrisa genuina.

Asentimiento con la cabeza

Cuando la otra persona habla, asiente con tu cabeza cada vez que estés de acuerdo con ella. Este es un gesto alentador y amigable que incrementa la posibilidad de identificarse con la otra persona, ya que muestra que los dos están de acuerdo.

Postura relajada

Una postura relajada te hace parecer alguien natural y fácil de tratar. Cuando te sientes relajado, las personas con las que estás también se relajarán.

Imitación

La imitación de la postura de una persona se debe hacer de forma gradual y es muy probable que no desees copiar exactamente a la persona. La imitación se debe de hacer de forma sutil. Si no se hace así, podría parecerle a la otra persona que estás haciendo una mímica de ella y esto destruirá cualquier posibilidad de conseguir identificarte con ella.

Una buena forma de comenzar es imitar únicamente una parte de la postura de la persona. Si esta tiene una mano descansando sobre una mesa, podrías hacer lo mismo. Incluso podrías descubrir que has imitado a la persona de manera inconsciente y que ya tienes una mano descansando en la mesa. Después de un minuto o dos, podrías imitar algo más que la persona hace.

Sabrás que has tenido éxito si después de un rato cambias tu postura y te das cuenta que la otra persona ha cambiado para imitarte.

Muchas personas se sienten cohibidas y avergonzadas cuando comienzan a imitar de manera consciente a otra persona. Esto se debe a que temen que la persona se dé cuenta de lo que hacen. Esto es improbable que suceda, en especial si se hace con lentitud y cautela. Nadie jamás me ha acusado de copiar deliberadamente sus acciones. Esto no quiere decir que nunca se han dado cuenta. Yo sí me he dado cuenta de que algunas personas me han imitado pero nunca he hecho algún comentario al respecto. En cierta forma es un cumplido, ya que la persona lo hace porque desea identificarse conmigo. Si alguna vez una persona me comentara algo al respecto, simplemente me disculparía y le explicaría que la imitaba porque deseaba conocerla mejor y que identificarme con ella es una buena forma de lograrlo. No obstante, dudo que alguna vez necesite hacer esto, ya que todos estamos imitando de forma subconsciente a otras personas todo el tiempo. Por consiguiente, si imitas a alguien de forma deliberada, es extremadamente improbable que lo note.

Una vez que has conseguido identificarte con la persona, estás en la posición de llevarla en forma gradual en cualquier dirección que desees. No hace mucho tiempo, almorcé con un amigo que había sido despedido de su trabajo y se sentía deprimido por su falta de éxito en encontrar otro empleo. Estaba por salir a una entrevista de trabajo y no se sentía con mucha confianza al respecto. Cuando me senté con él, imité su postura decaída e incluso imité el tono deprimido de su voz. Mientras hablábamos acerca de sus intentos por encontrar trabajo, lentamente ajusté mi postura y permití que algo de entusiasmo se introdujera en mi voz. Él respondió a esto sentándose más erguido y comenzó a hablar de forma más positiva sobre sus expectativas de empleo. Para el momento en que partimos, se sentía razonablemente positivo acerca de la entrevista. No consiguió ese empleo, pero unos días después le ofrecieron otro.

Atención

Otorgarle a la otra persona toda tu atención por completo es una de las mejores formas de conseguir identificarte con ella. Necesitas escuchar con sumo cuidado lo que la persona dice y permitirle terminar de hablar antes de responder. Interrumpir a una persona antes de que finalice de hablar no es una buena forma de conseguir identificarte con ella.

Hazle sentir que para ti ella es la persona más importante en el mundo. Si haces esto, esta persona nunca te olvidará.

Sinceridad

Se considera que eres sincero cuando le dices a alguien algo acerca de ti mismo que le ayuda a comprenderte. A muchas personas les resulta difícil ser sinceras y revelar algo privado sobre ellas a otras personas, sin embargo, esto es un factor importante para conseguir identificarse con los demás. Si revelas algo personal, la otra persona posiblemente también revelará algo acerca de su vida. Puedes compartir prácticamente cualquier cosa, incluyendo tus pensamientos, sentimientos, aspiraciones, éxitos, fracasos, gustos y desagrados.

Comienza por compartir algo trivial y sin importancia. Conforme conozcas mejor a la otra persona, podrás revelar de forma gradual más acerca de ti mismo. A su vez, responderá compartiendo más información acerca de ella. Los resultados de esto se mostrarán en tu lenguaje corporal, ya que tu postura se volverá más abierta y te sentirás más cómodo conversando con la persona.

La sinceridad desempeña un papel muy importante en todas las relaciones, pero es especialmente importante en las relaciones románticas. De hecho, una relación romántica quizá no dure por mucho tiempo si una persona da a conocer información personal y la otra no lo hace.

Identificarse con otra persona no es difícil de lograr. Lo que tienes que hacer es ayudar a la otra persona a sentirse cómoda mientras se encuentra contigo. Al llegar a esta etapa, puedes olvidarte del lenguaje corporal, ya que ambos estarán haciendo de forma subconsciente todo aquello que es apropiado hacer.

Te vas a encontrar con personas que no te permitirán que te identifiques con ellas sin importar todo lo que hagas para lograrlo. En estos casos tienes dos opciones. Podrías decidir que no vale la pena el esfuerzo y alejarte. Por otro lado, podrías persistir hasta que consigas cierta cantidad de identificación.

En el transcurso de los años, en ocasiones me he rehusado a admitir mi derrota y me he mantenido trabajando en las personas hasta que las convenzo. Una de estas personas es una mujer que trabaja en una oficina de correos que visito con regularidad. Ella nunca sonríe y es antipática con todos. No debería estar en un empleo que implica tratar con el público. Me tomó años convencerla. En la actualidad, cuando me ve esperando en la fila, sonríe, me saluda con la mano y tenemos una plática agradable mientras me atiende. Todavía no he visto que le sonría a algún otro cliente.

Si trabajas o tratas con regularidad con alguien así, no tienes otra opción más que continuar siendo agradable y persistir en tus intentos hasta que la persona te permita identificarte con ella.

Incluso en estos casos, las técnicas en este capítulo facilitarán el proceso al permitir que te relaciones con estas personas en un nivel superficial hasta que consigas un avance importante.

Simpatía

Tu lenguaje corporal les dice a las personas una gran cantidad de información incluso antes de que los conozcas. Todos hacemos suposiciones acerca de las personas después de unos segundos de conocerlas y luego puede ser difícil de cambiar la primera impresión sobre esas personas. Este es el motivo por el cual la gente hace comentarios parecidos a: "Desde el momento que la conocí..." y "No me engañó ni por un minuto".

Tu simpatía personal es un factor muy importante en tu felicidad y en tu éxito en la vida. Muy pocas personas se las ingenian para sobrevivir sin interactuar con otras personas. Si logras que las personas con las que tratas se sientan bien con ellas mismas, les vas a agradar y disfrutarán estando contigo. Tus relaciones con otras personas son vitalmente importantes en todas las áreas de tu vida.

Hace algunos años, me invitó a cenar alguien que no conocía. Era un hombre alto, imponente, con una voz sonora. Lo llamaré Tom. El restaurante era grande y se encontraba medio lleno cuando llegamos. Tom pasó a un lado de la anfitriona del restaurante, encontró una mesa que le gustaba, se sentó y le gritó: "Nos sentaremos aquí. ¿Está bien?". Como el mesero no llegó de inmediato, sesenta segundos después volvió a gritar: "¿Dónde está nuestro mesero?".

El mesero corrió a nuestra mesa con los menús y se quedó rondando cerca, aparentemente preocupado por la voz fuerte de Tom y su postura intimidatoria. Tomó nuestra orden de comida y bebida y se alejó para surtirla. Las bebidas llegaron con rapidez, pero la comida tomó más tiempo de lo que Tom pensaba que debería. Nuestro mesero tomaba órdenes en otra mesa, pero esto no le importó a Tom. Lo llamó, exigiendo saber cuándo tendríamos nuestras comidas. El mesero prometió ver qué pasaba y regresó dos minutos después para informarnos que nuestras comidas estarían preparadas en unos dos minutos. "¡Las quiero aquí en sesenta segundos!", rugió Tom.

Nuestras comidas llegaron un minuto después y Tom comió la suya con entusiasmo. Pero yo no comí la mía con muchas ganas. Cuando era estudiante trabajé como mesero un tiempo y sé lo que en ocasiones le sucede a la comida de las personas que son difíciles de atender. Tom obviamente no estaba preocupado de agradarle a alguien. La propina que dejó era tan pequeña que le dije que necesitaba ir al baño y a mi regreso le di al mesero una propina más apropiada.

Al parecer, Tom se comporta de esta manera donde quiera que va. Le agrada mandar a la gente a su alrededor y parece disfrutar el hecho de que le resulta desagradable a la gente. Estoy seguro que recibe un mal servicio donde quiera que va debido a su actitud. Es un hombre muy inteligente que ha tenido un éxito razonablemente bueno en su profesión. Sin embargo, nunca ha logrado el éxito que ha deseado y no me sorprende, ya que estoy convencido que su arrogancia, su ego y su rudeza le impiden lograrlo.

Si hubiese aprendido algunas destrezas básicas sobre cómo tratar a otras personas, además de algo de lenguaje corporal, estoy seguro que hubiese tenido mucho más éxito, se hubiese estresado menos y tendría un gran círculo de buenos amigos. Existe una frase popular que dice: "La personas hacen negocios con personas que les agradan". No es suficiente con ser bueno en tu trabajo. También necesitas ser simpático.

Cuando estaba por cumplir 30 años, un negocio pequeño que tenía quebró y encontré empleo como representante de ventas. El propietario de la empresa no estaba preocupado en lo más mínimo que yo no supiera nada sobre los productos que iba a vender. Descubrí después que me empleó porque pensó que yo les agradaría a sus clientes. Era un hombre agresivo que trabajaba arduamente y que construyó un negocio exitoso. Pero en el camino se hizo de un buen número de enemigos y dondequiera que yo iba sus clientes me decían cuánto les desagradaba. Por fortuna, tenía buenos negocios y yo podía desempeñar muy bien mi trabajo. Cuando reuníamos a nuestros clientes, estos nos describían como, "el policía bueno y el policía malo".* En lugar de tratar de ser simpático, este hombre prefería emplear personas que creía serían agradables.

Cómo volverse más simpático

No es difícil causar una buena impresión. Los requisitos esenciales son: apariencia, expresión, una sonrisa genuina (con levantamiento rápido de la ceja), un buen contacto visual y la habilidad de escuchar. Las personas con estas cualidades a menudo son descritas como carismáticas. Algunas personas son lo suficiente afortunadas para hacer de manera natural todas las cosas naturales. No obstante, cualquiera puede mejorar sus habilidades en estas áreas si lo desea.

Hace unos años, tuve el placer de conocer a Uri Geller, el síquico israelí. Él es la persona más carismática que haya conocido alguna vez. Mientras estaba con él, me dio toda su atención por completo, como si yo fuese la persona más importante en el mundo. Me agradó desde el primer momento en que lo conocí y todavía tengo sentimientos positivos acerca de esa reunión, a pesar de que fue hace veinte años. Cuando me volví a reunir con

---

* N. del T. Esta es una técnica sicológica usada para interrogatorios, con dos policías interrogadores, uno malo que es agresivo y acusador y uno bueno que es compasivo y apoya al interrogado y así se gana su confianza.

él, unos dos años después, me saludó como a un viejo amigo. Geller es un hombre extremadamente carismático.

Un buen arreglo personal es un factor importante en tu apariencia. También te hace sentir con más confianza en ti mismo. Mantén una expresión agradable en tu rostro y sonríe de buena gana.

Establece un buen contacto visual y permite que las personas detecten los sentimientos verdaderos que se revelan en tus ojos. No puedes ocultar las emociones que se expresan en tus ojos y las personas podrán ver amor, compasión, preocupación y felicidad en ellos.

Ríe de buena gana cuando sea apropiado. Permite que tus emociones se muestren en tu rostro y tu lenguaje corporal. Inclínate hacia la persona a la que le hablas. Todo esto transmite cordialidad y amigabilidad.

La habilidad para escuchar, escuchar realmente, es de importancia vital. Estoy seguro que tú, como todos, ha tenido la experiencia de hablar con una persona y darse cuenta que estaba mirando por encima de tu hombro en lugar de concentrarse en lo que estabas diciendo. Las personas pueden ver en tus ojos cuando los estás mirando pero no estás prestando atención a lo que dicen.

Recuerda asentir con la cabeza de vez en cuando mientras escuchas. Esto anima a la persona a continuar hablando. Una inclinación de cabeza ligera y una postura abierta también fomentan una buena comunicación.

No debería ser el caso, pero la habilidad de escuchar es rara y las personas que la tienen siempre son consideradas agradables.

En la actualidad, casi todos tienen un teléfono celular. Este es una herramienta útil, pero no ayuda en nada a la comunicación cara a cara. Cuando te reúnes con alguien para tomar una taza de café, coloca tu celular en silencio durante media hora y guárdalo donde no esté visible. Sé que podrías recibir una llamada importante, pero acordaste tomar una taza de café con esta persona y ella merece toda tu atención. Puedes responder la llamada más tarde. Al hacer esto, puedes dedicar toda tu atención a la conversación y podrás hablar y escuchar libremente, sin ninguna distracción de tu teléfono. Si olvidas colocar tu celular en silencio, si suena siléncialo. La persona con la que te encuentras apreciará esto, ya que estás demostrando que ella es más importante para ti en ese momento que la persona en el teléfono. Esto de inmediato te hace más simpático. Estoy seguro que tú, como yo, has soportado conversaciones en las cuales la otra persona pasa más tiempo hablando en el teléfono o enviando mensajes de texto que contigo. Considero esto una falta de educación y he aprendido a ponerme de pie y decirle a la persona que nos reuniremos cuando tenga tiempo para platicar. Por lo general, esto hace que la persona guarde su teléfono hasta que finaliza nuestra conversación.

Imita a la otra persona en su postura, energía y tono de voz. El imitar la postura de la otra persona ocurrirá de manera automática si tú y ella interactúan bien.

Tocar a la otra persona por un breve momento incrementa tu simpatía. Obviamente, el toque no debe ser amenazador ni sexual. Debido a esto, los lugares más seguros para tocar a la otra persona son su hombro, su brazo o la parte alta de su espalda.

Estas ideas sencillas se pueden utilizar en cualquier tipo de situaciones. No necesitas ser el alma de la fiesta para agradarles a los demás. Todo lo que tienes que hacer es usar la ropa apropiada para la ocasión, verte contento, sonreír, establecer buen contacto visual y estar preparado para escuchar.

Todo esto quizá parezca demasiado para poderse saber. Pero en la práctica tomamos la mayoría de nuestras decisiones sobre otras personas en cuestión de segundos. Los científicos no se ponen de acuerdo respecto a la cantidad específica de tiempo implicado, pero sí están de acuerdo que requiere un máximo de cuatro minutos para tener una impresión permanente de alguien que acabamos de conocer.

Mientras más complicados sean nuestros medios
de comunicación, menos comunicamos.

—Joseph Priestley

Capítulo seis
La primera impresión

Las citas rápidas se han convertido en un fenómeno mundial. Los solteros en busca de pareja se reúnen en grupos y pasan unos tres minutos hablando entre ellos uno por uno. Al final de la noche, todos anotan en una tarjeta a qué persona les gustaría volver a ver. El concepto de citas rápidas se basa en la creencia de que puedes aprender lo suficiente acerca de una persona para evaluar su compatibilidad contigo en solo unos pocos minutos.

Existe un antiguo adagio que dice: "Nunca tienes una segunda oportunidad para crear una primera impresión". Las personas comienzan a tener una opinión acerca de ti al segundo de verte. Para cuando han transcurrido dos minutos, ya han hecho una evaluación permanente. Algunas personas podrían requerir hasta unos cuatro minutos, pero aun así todavía es un lapso de tiempo muy reducido para tener un juicio que posiblemente dure toda la vida. Este rango de dos a cuatro minutos se aplica a todo tipo de situación y abarca desde alguien que conoce a una persona del sexo opuesto en una fiesta, hasta un vendedor que le llama a un cliente nuevo. Para cuando han finalizado los cuatro minutos, sabrás qué tan sencillo será tratar con la persona, si le agradas y si deseas seguir conociéndola mejor.

En la década de 1980, el doctor Michael R. Solomon, un sicólogo social y experto en mercadotecnia, llevó a cabo una investigación en la Facultad de Licenciatura en Administración de la Universidad de Nueva York. Sus descubrimientos sugieren que las personas toman once decisiones acerca de alguien que acaban de conocer en los primeros siete segundos.

Estas decisiones son:

1. El nivel económico
2. El nivel de educación e inteligencia
3. Honestidad y credibilidad
4. Confiabilidad
5. Nivel de sofisticación
6. Género, orientación sexual
7. Nivel de éxito
8. Antecedentes políticos
9. Valores y principios
10. Antecedentes étnicos
11. Deseabilidad social. ¿Te gustaría que fuera tu amigo?

Después de los primeros siete segundos vitales, las personas pasan el resto del tiempo que están juntos intentando confirmar la precisión de su evaluación.[1]

Veinte años después, Janine Willis y Alexander Todorov, de la Universidad de Princeton, realizaron varios experimentos que muestran que decidimos en las personas cuál es su atractivo, simpatía, honestidad, competencia y agresividad después de mirar sus rostros durante únicamente una décima de segundo. Los investigadores también descubrieron que no había una diferencia importante entre esas decisiones instantáneas y aquellas formadas después de mirar el rostro de la persona por un periodo de tiempo más prolongado.[2]

Los primeros cuatro minutos son de vital importancia en las entrevistas de trabajo. Algunas personas dudan de esto, ya que en una entrevista de trabajo el entrevistador hace la mayor parte de la conversación y el solicitante usa en gran medida gestos sin palabras, como contacto visual, sonreír y asentir con la cabeza. En realidad, lo que ocurre en esos primeros cuatro minutos tan cruciales es más importante que las habilidades del solicitante y la experiencia laboral, ya que el entrevistador está determinando si la persona tendrá una buena relación con las personas con las que trabajará. Si la persona es entrevistada para un puesto de ventas, el entrevistador deseará asegurarse que la persona congenie con sus clientes.

Las personas son extremadamente renuentes a cambiar su opinión de alguien una vez que la tienen. Incluso alteran la información nueva para hacer que concuerde con la opinión que ya han hecho. Esto quizá parezca injusto, ya que nadie de nosotros está en su mejor momento todo el tiempo. No obstante, descuidar causar una buena primera impresión puede resultar costoso.

Hace unos 30 años, se inauguró una nueva panadería cerca de nuestra casa. Me alegré al pensar que podría comprar una variedad de panes diferentes a una corta distancia a pie de nuestra casa. Me dirigí a la tienda y pude oler el aroma del pan recién horneado antes de llegar. Cuando entré, el pan se encontraba exhibido de forma atractiva y yo estaba ansioso por comprar. No había nadie detrás del mostrador. Presioné el timbre. Pude escuchar a alguien en la parte trasera, pero la persona no respondió. Presioné el timbre de nuevo. Nada ocurrió. Finalmente, grité, "¡Hola!".

Un hombre de unos treinta y tantos años apareció y con una mueca de disgusto en su rostro dijo: "¿Qué quieres?". Lo miré fijamente por varios segundos, me di la vuelta y caminé a casa. Asumí que estaba ocupado haciendo algo en la parte trasera y que se molestó porque fue interrumpido. De todas formas, nunca volví a entrar en su tienda y no me sorprendí cuando el negocio cerró menos de seis meses después.

Este hombre había visto una excelente oportunidad de negocio, pero la arruinó al no poder recordar la "regla de los cuatro
minutos".

En otra ocasión, cuando era representante de ventas, fui a
visitar una compañía impresora muy grande en el momento en
que el director general hacía una rabieta. Uno de sus impresores
había arruinado un costoso trabajo de impresión a cuatro colores
al hacer que el color final quedara desalineado. Debido a que el
error no se había encontrado de inmediato, el impresor había
desperdiciado más de 30,000 dólares de un papel satinado muy
costoso. Tuve la mala suerte de llegar a una cita con el director
justo después de que esto había ocurrido. La cita fue una pérdida
completa de tiempo, ya que el hombre estaba muy estresado,
enojado y solamente deseaba agredir a alguien. En el momento en que me di cuenta de esto, me disculpé e hice otra cita para
unos días después con su secretaria. Cuando regresé, el hombre
se disculpó y no pudo haber sido más encantador, pero ya nunca
me sentí cómodo con él después de eso, lo había visto en su peor
momento en los primeros cuatro minutos vitales.

Debido a esto, necesitas estar consciente de tu lenguaje corporal cuando conoces a las personas en todo tipo de situaciones.
Ya que la conversación quizá solo sea una pequeña plática en un
inicio, las señales sin palabras te ayudarán a decidir si deseas o no
conocer mejor a alguien. La persona también estará observando
tu lenguaje corporal por la misma razón. Para ayudar a establecer
una buena primera impresión, sonríe genuinamente, escucha lo
que la otra persona tiene que decir y ve lo que puedes aprender
de ella. Agradece de inmediato a cualquiera que te trate con ama-
bilidad. Sé cortés y trata a las personas que conoces de la misma
manera en que te gustaría ser tratado.

Cuando las personas conocen a otras personas en una reunión social, establecen una gran cantidad de contacto visual y por
lo general sonríen. Pueden estrecharse las manos, asentir con la

cabeza, sonreír abiertamente, saludar ondeando la mano, abrazar, saludar con la mano arriba con cinco dedos o cualquier otra cosa, dependiendo de la situación. Después de la presentación inicial, la conversación continuará o bien finalizará después de un intercambio de cumplidos. Si la reunión continúa, la conversación irá gradualmente en otra dirección y las personas comenzarán a imitarse de manera inconsciente entre ellas.

De hecho, te das cuenta subliminalmente del comportamiento sin palabras de las personas cuando las conoces por primera vez, pero podría ser una práctica interesante darse cuenta conscientemente del lenguaje corporal de alguien en la primera reunión. Aquí presento algunas preguntas que podrías hacerte: ¿Se mira amigable? ¿Establece contacto visual? ¿Están dilatadas sus pupilas? ¿Asiente con la cabeza para animarte a hablar? ¿Demuestra interés al colocar su cabeza hacia un lado? ¿Sus gestos son abiertos o cerrados? ¿Cómo es su postura? ¿Sus palabras concuerdan con su lenguaje corporal? ¿Te gustaría conocerla mejor?

Un buen amigo mío tiene la habilidad de congeniar con todos. Con frecuencia bromeamos que si quisiéramos quejarnos de algo, le pediríamos que lo hiciera por nosotros, ya que sería capaz de resolver el problema y al mismo tiempo hacer un nuevo amigo. Cuando le pregunté acerca de su talento, me dijo que cuando era joven, su padre le enseñó a encontrar algo que le agradara acerca de todas las personas que conociera.

A pesar de que evaluamos a las personas casi al instante, procura no juzgarlos de inmediato, ya que es fácil cometer un error. Por ejemplo, si alguien parece angustiado, preocupado o infeliz cuando lo vez por primera vez, esta es la expresión por la que lo juzgarás. La persona podría ser por lo común feliz y jovial, pero debido a que la estás conociendo cuando está preocupada por algo, tu evaluación podría estar equivocada.

Debes estar dispuesto a modificar tu evaluación inmediata de las personas que conoces conforme conoces más acerca de ellas.

Existe un elemento importante respecto a identificarse y conseguir la simpatía de otros que no hemos explicado todavía. Se trata del increíble poder del tacto y es lo que veremos en el capítulo siguiente.

El tacto tiene memoria.

—John Keats

Capítulo siete

El poder del tacto

Ya que confiamos mucho en nuestros ojos y oídos, el sentido del tacto con frecuencia es pasado por alto. Comienza cuando un bebé recién nacido es cargado por primera vez y el deseo de ser tocado perdura durante toda la vida de la persona. Los beneficios del tacto son increíbles. Tiffany Field, directora del Instituto de Investigación del Tacto, de la Facultad de Medicina de la Universidad de Miami, ha llevado a cabo numerosas investigaciones en bebés prematuros. En un experimento, un grupo de bebés recibió sesiones de quince minutos de terapia táctil, todos los días, de cinco a diez días. Estos bebés ganaron de 21 a 48% más peso que los bebés prematuros que habían recibido un cuidado y una atención normales.[1]

Un toque cariñoso puede aumentar de inmediato el buen ánimo de alguien. Incluso un toque que no es intencional por parte de un extraño puede ayudar a la persona a sentirse más positiva. Un toque puede mostrar apoyo, expresar gratitud, transmitir compasión, proporcionar ánimo y agregar cordialidad a nuestras comunicaciones personales. Debido a que el tacto es tan importante para nuestro bienestar, recomiendo los masajes terapéuticos a las personas que no reciben regularmente toques de sus amigos y familiares.

Háptica es la palabra empleada para describir cualquier forma de comunicación sin palabras que usa el tacto. Ejemplos comunes son besarse, abrazarse, estrechar las manos y tocar a alguien en el hombro.

Un experimento interesante realizado en 2006 en la Universidad DePauw, en Indiana, demostró que las personas eran capaces de identificar una diversidad de emociones a partir de un solo toque efectuado por un extraño. Los participantes intentaron transmitir doce emociones diferentes a unos voluntarios que no podían verlos o incluso ver el toque que se hacía en sus antebrazos. A pesar de esto, los resultados de esta prueba variaron de 48 a 83%, lo cual es prácticamente lo mismo que cuando el toque se realiza con ambas personas pudiéndose ver una a otra.[2]

Probablemente no era necesario hacer la investigación, pero se demostró que los hombres respondieron más favorablemente a las mujeres que los habían tocado ligeramente en el brazo.[3]

Un toque suave en el brazo animó a los extraños a ayudar a alguien a recoger las pertenencias que se habían caído. En un experimento, las personas que fueron tocadas ayudaron 90% del tiempo, mientras que las personas que no fueron tocadas ayudaron 63% del tiempo.[4]

Una investigación en desarrollo llevada a cabo por el profesor Michael Lynn en la Facultad de Administración de Hoteles de la Universidad Cornell, muestra que tocar ligeramente a un cliente en el hombro o la palma de la mano puede incrementar tremendamente el tamaño de la propina. Los clientes que no fueron tocados dejaron propinas que promediaban un 12 por ciento. Pero los clientes que fueron tocados en el hombro dejaron propinas que promediaban un 14% y las personas que fueron tocadas dos veces en la mano dejaron propinas de un 17 por ciento.[5]

El "dilema del prisionero" es un juego que proporciona a los jugadores la oportunidad de ser cooperativos o egoístas. El doctor Robert Kurzban, profesor asociado de sicología de la Universidad de Pensilvania, realizó un experimento interesante que demostró el poder del tacto. Los participantes que fueron tocados con suavidad en la espalda mientras comenzaban el juego fueron mucho más propensos a cooperar con los otros participantes que aquellos que no fueron tocados.

Debido a que el poder del tacto tiene tal efecto positivo, es una forma excelente y sencilla de lograr identificarse con alguien. Un toque que dura solo una fracción de segundo puede hacer sentir feliz a la persona que lo recibe y también ella considerará que la persona que se lo dio es simpática, cariñosa y amable.

En el campo de los negocios, las personas por lo general tocan a alguien para enfatizar aspectos importantes de lo que dicen. Esto también añade credibilidad de forma subliminal, ya que los mentirosos tienden a evitar tocar a las personas con las que hablan. En el mundo empresarial, el jefe es por lo general la persona que toca al subordinado. En el entorno corporativo actual, esto necesita hacerse con cuidado para evitar una interpretación errónea, pero un toque ligero en el hombro o el brazo por lo común es aceptado por lo que es, en especial si el jefe también está diciendo, "¡Bien hecho!".

La cantidad de toques varía de país a país en todo el mundo. Sidney Jourard (1926-1974), un sicólogo canadiense, realizó un estudio muy bien comprobado en la década de 1960 en amigos que disfrutaban una conversación en cafés en países diferentes. Cada conversación fue observada durante una hora. En el Reino Unido, los dos amigos no se tocaron para nada. En Estados Unidos, los amigos se tocaron el uno al otro dos veces. En Francia, los toques fueron 110 veces y en Puerto Rico se incrementaron a 180 veces en una hora.[6]

Hay algunas personas a quien no deberías tocar. Por ejemplo, puedes tocar la mano del Papa, pero no puedes tocarlo en ninguna otra parte. En el Reino Unido, las personas creen firmemente que la Reina nunca debe ser tocada. Incluso cuando estás formado esperando para conocerla, ella tiene que ofrecer primero su mano para estrecharla. Esto explica los titulares de protesta en los periódicos británicos cuando un ministro de transporte de una provincia canadiense guió a la Reina a través de una multitud tocándole con suavidad el codo. En 1992, cuando Paul Keating, el entonces primer ministro de Australia, puso su brazo alrededor de la Reina, el diario *Evening Standard* publicó un artículo de toda una página sugiriendo que todos los expatriados australianos fueran deportados de regreso a Australia.[7] En 2012, la Reina puso su brazo alrededor de la cintura de Michelle Obama en un gesto amistoso y Michelle respondió colocando el suyo alrededor de la Reina.[8] Sin embargo, en este caso fue la Reina quien efectuó el primer toque.

No es solo la Reina y el Papa quienes no deberían tocarse. A los maestros de escuela se les enseña a no tocar por casualidad a sus estudiantes. Un amigo mío cambió de profesión después que puso su brazo alrededor de una niña pequeña para consolarla cuando la encontró llorando en el patio de su escuela. Estaba impresionado de que su deseo instintivo de consolar y ayudar fuese mal interpretado y como resultado dejó la enseñanza. A los empleados de oficina también se les enseña a ser cuidadosos respecto a tocar a sus compañeros de trabajo. En consecuencia, a pesar del valor y la importancia de tocarse, esto necesita hacerse de forma apropiada y en el momento correcto.

Ahora es tiempo de que toda esta información sea llevada a la práctica en el mundo real. Como la mayoría de las personas pasan al menos 40 horas a la semana en el trabajo, en el siguiente capítulo comenzaremos viendo cómo podemos utilizar nuestro conocimiento del lenguaje corporal en el lugar donde trabajamos.

*El momento de dejar de hablar es cuando la otra
persona asiente con su cabeza, pero no dice nada.*
—Henry S. Haskins

Capítulo ocho

El lenguaje corporal exitoso en los negocios

El conocimiento del lenguaje corporal te proporciona una ventaja enorme si deseas causar una buena impresión en una entrevista de trabajo, progresar en tu profesión, mantener buenas relaciones con tus compañeros de trabajo y disfrutar el tiempo que pasas en tu empleo. La mayoría de las personas que trabajan pasan al menos 40 horas a la semana en el trabajo y durante gran parte de ese tiempo son observados y juzgados por muchas personas con las que interactúan. Es importante mantener buenas relaciones con tus compañeros de trabajo ya que pasas gran parte de tu vida con ellos. En realidad, tus interacciones con tus compañeros de trabajo son tan importantes como tu capacidad para desempeñar tu trabajo.

En fecha reciente reemplacé mi automóvil. No disfruto haciendo esto, ya que encuentro estresante el proceso. Conozco poco de coches y me disgusta la presión ejercida por muchos vendedores de autos. Tuve la mala suerte de encontrar a un vendedor de autos típico al primer lugar al que fui. Era ruidoso, orgulloso y trató de venderme un coche que no me interesaba. También ignoró por completo a mi esposa, que se encontraba conmigo. Me dio un apretón de manos dominante y nos invitó a su oficina. Se recostó en el respaldo de su silla, colocó sus manos detrás de su cuello y me preguntó qué era lo que buscaba.

Pude darme cuenta que no estaba interesado tan pronto como comencé a hablar. Sus ojos saltaban por toda la habitación y rara vez hacían algún contacto con los míos. Me interrumpió antes de que hubiera terminado y me dijo que tenía el coche exacto para mí. Fuimos afuera para verlo y era prácticamente el coche opuesto a lo que yo quería.

Después de esa experiencia, me costó unos días poder visitar otro distribuidor de automóviles. Todos los vendedores que conocí después del primero fueron todos corteses, amables y trataron de proporcionarme lo que yo deseaba. El hombre al que finalmente le compré un coche no hizo ningún intento por vendérmelo. Respondió todas mis preguntas, me ofreció permitirme llevar el coche a mi casa toda la noche si deseaba y sugirió que lo llevara con mi mecánico para que lo revisara. Estaba tan relajado que era difícil creer que vendía coches.

Desde el punto de vista del lenguaje corporal, hizo todo lo correcto. Sonrió cuando nos saludó, nos estrechó la mano mientras establecía contacto visual y nos prestó toda su atención mientras escuchaba lo que teníamos que decir. Se inclinó hacia nosotros pero no entró en nuestro espacio personal. Nos hizo sentir relajados. Después de comprar el coche, fui a ver a su jefe para decirle lo impresionado que estaba con el vendedor.

"Es nuestro mejor vendedor. Es tan callado que uno no se da cuenta que está aquí, pero definitivamente puede vender coches. No sé cómo lo hace", nos dijo.

El primer vendedor con el que hablé probablemente gana una cantidad de dinero razonable para vivir. Sin embargo, estoy seguro que la persona a quien le compré el coche gana mucho más dinero. Ellos quizá tienen el mismo conocimiento sobre el producto y pasan la misma cantidad de tiempo en el trabajo. No obstante, uno de ellos debe ser mucho más exitoso que el otro.

No importa qué trabajo desempeñes, tu lenguaje corporal será notado por los demás. Estas personas quizá no hayan estudiado el tema, pero instintivamente asumirán que alguien que tiene una postura desgarbada y un contacto visual insuficiente carece de confianza en sí mismo y de habilidad para tratar con las personas.

La entrevista de empleo

Casi todos consideramos las entrevistas de empleo estresantes y debido a esto muchas personas no se venden a ellas mismas como podrían y deberían. Por fortuna, el conocimiento del lenguaje corporal puede ayudarte a transmitir la impresión correcta y alcanzar tu meta.

Para asistir a la entrevista deberías prepararte con cierta anticipación. Esto implica conocer lo más que puedas acerca de la empresa y el puesto que solicitas. Piensa en las preguntas que te gustaría que te hicieran y respóndelas con tanto detalle como sea posible. Si buscas en Internet "preguntas para entrevistas de empleo", encontrarás una gran cantidad de preguntas con las que puedes practicar. Además de las preguntas comunes respecto a las empresas donde trabajaste antes y por cuánto tiempo, encuentra respuestas para las preguntas más inusuales que es posible que te hagan. Te podrían preguntar: "¿Cuál es tu mejor cualidad?"; "¿Por qué deberíamos contratarte?"; "¿Cómo te describes a ti mismo?"; "¿Cuál es tu mayor defecto?".

Un conocido mío es propietario de una empresa de elaboración de alimentos y sus productos son exportados a diferentes países. En cierta ocasión, se quejó conmigo que la mayoría de las personas que solicitan empleo en su empresa no tienen idea de lo que esta elabora y se sorprenden al saber que exportan casi la mitad de su producción.

"Quiero gente que se apasione con mi empresa. ¿Cómo pueden apasionarse cuando ni siquiera conocen lo que producimos?".

También deberías pensar en la impresión que deseas proyectar en la entrevista. Lo ideal, si deseas el puesto, es que deberías estar interesado en la empresa, deberías sentirte convencido de que puedes desempeñar bien el trabajo y deberías estar entusiasmado de ser parte de la compañía. Puedes trasmitir todo esto con tu lenguaje corporal.

Viste de forma apropiada para el puesto que solicitas. No necesitas usar un traje si solicitas empleo en un puesto de labores manuales. Tampoco deberías vestir de manera informal si solicitas un puesto para ingresar al mundo corporativo. Es importante pensar con cuidado acerca de la ropa que vestirás, ya que esta será lo primero que el entrevistador verá cuando entres a su oficina.

Las personas que cuidan la forma como se visten son consideradas, correcta o incorrectamente, como personas con una autoestima mayor y se cree que se desempeñarán mejor en el empleo. La ropa que escoges debería ser razonablemente conservadora y transmitir la impresión de que eres capaz y confiable. Asegúrate que tus zapatos están limpios, tus uñas bien cortadas y tu cabello limpio y bien peinado. Recuerda que las personas con cabello corto son consideradas como más competentes que las personas con cabello largo. Esto se aplica tanto a hombres como mujeres. Por consiguiente, es una buena idea cortarte el cabello si es necesario.

La doctora Judith A. Waters, profesora de sicología en la Universidad Fairleigh Dickinson, en Teaneck, Nueva Jersey, llevó a cabo un experimento para probar los resultados de un buen acicalamiento. Envió currículos idénticos a más de 300 empresas. Estas contenían fotografías de "antes" o de "después" de los solicitantes. Las fotografías de "antes" mostraban al solicitante vestido de manera casual y con apariencia desaliñada. Las fotografías de "después" mostraban a la misma persona que aparecía bien vestida y bien arreglada. Ninguna empresa recibió juntas ambas fotografías de "antes" y "después" del mismo solicitante.

La doctora Waters le preguntó a las empresas que ofrecieran un salario inicial aproximado para cada solicitante. En cada caso, los salarios fueron de 8 a 20% mayores para las personas cuyos currículos contenían la foto de "después".[1]

No importa cómo te sientas por dentro, proyecta confianza cuando llegues a tu entrevista. Date cuenta que podrías ser observado desde el momento en que llegas a la empresa. Muestra una apariencia feliz. Quizá puedas estar nervioso, pero no debes demostrarlo. Los brazos o los pies cruzados, junto con movimientos inquietos, una falta de sonrisa y un contacto visual insuficiente, le dicen al entrevistador que estás estresado o nervioso.

Debes estrechar la mano con firmeza, pero no lo hagas con tanta firmeza que sacudas al entrevistador. En particular, este sería el caso si eres un hombre que es entrevistado por una mujer. La palma de tu mano debe ofrecerse en una posición vertical. El entrevistador probablemente ofrecerá su mano primero, pero debes estar preparado para ofrecer la tuya si es necesario. Sonríe y establece contacto visual mientras le estrechas la mano. Tu sonrisa debe ser genuina, con tus dientes visibles. Si tu sonrisa es genuina, harás automáticamente un levantamiento rápido de cejas.

Si se te permite elegir asiento, escoge una silla a un lado del escritorio del entrevistador, en lugar de enfrente. En muchos casos, el entrevistador no se sentará detrás de su escritorio de todas maneras, ya que esto crea una barrera. Si tienes que sentarte directamente enfrente del entrevistador, voltea tu silla mientras te sientas, para que tu cuerpo no se encuentre de frente al entrevistador. Una vez que te has sentado, mantén tu cuerpo erguido pero un poco inclinado hacia delante para mostrar interés. Esto hace que parezcas animado y entusiasta. Establece un buen contacto visual durante la entrevista, pero no te quedes mirando muy fijamente al entrevistador.

Debes colocar ambos pies bien plantados en el suelo o, si lo prefieres, cruzarlos en los tobillos. Si es posible, mantén tus pies sin mover y evita sacudir uno de ellos, ya que esto da la impresión de aburrimiento e intranquilidad.

Debes mantenerte consciente de tu lenguaje corporal. Uno de los errores más comunes es sonreír en momentos inapropiados. Esto te hace parecer débil, tímido y nervioso. El entrevistador esperará que estés nervioso, pero no deseas hacerlo obvio.

Establece un buen contacto visual. Esto te hace parecer con confianza en ti mismo, confiable, responsable atento, seguro y honesto. Escucha con atención y muéstrate interesado en lo que el entrevistador dice. Podrías inclinar ligeramente tu cabeza y asentir con ella de vez en cuando. Muéstrate feliz y sonríe cuando sea apropiado.

Mantén tus manos lejos de tu rostro. Relájate tanto como puedas y evita cruzar tus brazos y piernas. El lenguaje corporal abierto te hace parecer interesado y con más confianza en ti mismo.

Cuando las personas se sienten nerviosas, con frecuencia no saben qué hacer con sus manos. No cruces tus brazos, ya que esto crea una barrera y te hace parecer a la defensiva. Es mucho mejor descansar tus manos en el regazo y levantarlas para hacer gestos cuando sea necesario. Evita tocar tu rostro tanto como sea posible. Esta es una señal de nerviosismo, pero puede indicar deshonestidad. Y no deseas que el entrevistador haga cualquiera de estas evaluaciones.

Cuando era adolescente, mi padre me dio un buen consejo acerca de cómo controlar el nerviosismo. Me dijo que mientras yo me preocupaba sobre cómo le parecía a la otra persona, ella probablemente experimentaba exactamente el mismo sentimiento. Por consiguiente, para eliminar mi nerviosismo, todo lo que tenía que hacer era lograr que la otra persona se sintiera cómoda. De inmediato descubrí que cuando hice eso, mi nerviosismo desapareció por completo, pues ya no estaba preocupado por mis deficiencias.

Presta atención al lenguaje corporal del entrevistador. En un principio intentará identificarse contigo, ya que es más factible que las personas sean honestas cuando se sienten relajadas y cómodas. El entrevistador sabrá que es posible que estés nervioso, en especial si verdaderamente deseas el puesto.

Una técnica común del entrevistador es ofrecer al candidato té o café. Ya que las personas nerviosas quizá declinen la oferta, el entrevistador posiblemente diga que tomará una bebida de algo y podría darte una al mismo tiempo. Obviamente, no puedes cruzar tus brazos mientras sostienes la taza. En consecuencia, darte una bebida te obliga a adoptar una postura más abierta, que sea menos defensiva.

Según te vayas sintiendo cada vez más seguro de ti mismo en la entrevista, podrías comenzar a imitar algo del lenguaje corporal del entrevistador. Sin embargo, tienes que ser extremadamente cuidadoso con esto, ya que no deseas que el entrevistador se dé cuenta de lo que estás haciendo.

La persona que te está entrevistando tendrá una diversidad de formas para animarte a hablar. Lo ideal es que deseará que le hables unas tres veces más de lo que ella lo hace. Para hacer esto, utilizará varias técnicas, que incluirán asentir con la cabeza y gesticular con las manos. Un asentimiento de cabeza lento te alienta a continuar hablando, mientras que un asentimiento más rápido significa acuerdo. El entrevistador también modificará su postura y sus expresiones faciales para animarte a hablar. Desde luego, el entrevistador también hablará y cambiará su tono de voz de vez en cuando, para animarte a revelar tanto como sea posible de ti mismo.

No obstante, he conocido entrevistadores que de forma deliberada fruncen el ceño, establecen poco contacto visual y parecen aburridos, solamente para ver cómo reacciona el solicitante. Por consiguiente, no puedes asumir que el lenguaje corporal del entrevistador representa sus sentimientos verdaderos. En muchos casos, el entrevistador no tiene la autoridad para contratarte. Lleva a cabo la entrevista y entrega lo que encuentra a alguien más que toma la decisión final. Así que necesitas mantenerte muy profesional, sin importar qué lenguaje corporal proyecte el entrevistador.

Existen indicadores sin palabras de que la entrevista ha resultado bien. Es una señal positiva si el entrevistador te proporciona toda su atención y sonríe con frecuencia. El entrevistador está verdaderamente interesado en ti si asiente con la cabeza con frecuencia y se inclina hacia ti durante la entrevista.

Al final de la entrevista, estrecha su mano de nuevo, sonríe y agradece al entrevistador por atenderte.

Ascendiendo en el empleo

Una vez que conseguiste el puesto, necesitas comenzar a pensar sobre el futuro. Si no tienes ninguna ambición, puedes concentrarte en el trabajo a la mano y vivir así día tras día. Sin embargo, si deseas ser promovido, necesitas ser alguien excepcional en tu puesto actual y también necesitas mostrar un lenguaje corporal exitoso.

Esto comienza cada mañana cuando llegas al trabajo. Justo antes de que entres, relaja tus hombros, pon una sonrisa en tu rostro y di un alegre "¡Buenos días!" a todos los que veas. Los sentimientos de positividad y energía que obtendrás de esto perdurarán durante todo el día y otras personas te verán como alguien que es vigoroso, entusiasta y amigable.

Cuando conozcas personas nuevas, salúdalas con entusiasmo. Hazles saber con una sonrisa genuina, un lenguaje corporal abierto y palabras amistosas que eres una persona maravillosa. El entusiasmo y la energía son dos de las cualidades más positivas que puedes tener en tu trabajo. Significan que serás notado y que atraerás comentarios favorables. Cuando se presente una opor-

El lenguaje corporal exitoso en los negocios • 149

tunidad para una promoción, serás realmente considerado para esa oportunidad.

En el transcurso de los años, muchas personas se han quejado conmigo respecto a que parecen estar estancados en su puesto actual, mientras que personas con menor capacidad son promovidas. Debido a que por lo general escucho esto desde el punto de vista de las personas que están estancadas en sus trabajos, es imposible saber si las personas que son promovidas tienen mayor o menor capacidad que ellas. Sin embargo, sé que es muy posible que las personas promovidas están utilizando mejor, consciente o inconscientemente, el lenguaje corporal.

Si deseas progresar en tu trabajo deberías: mirarte feliz, sonreír, mirar a la gente a los ojos, desarrollar un buen apretón de manos, prestar atención a tu postura, tanto de pie como sentado; ser positivo, alegre, entusiasta y accesible. Saber escuchar y estar dispuesto a ayudar a otros. Mantenerte actualizado respecto a lo que ocurre en tu campo de trabajo y estar dispuesto a compartir esta información con otros. Utiliza la imitación para crear una identificación con las personas que están en el mismo nivel que tú o en un nivel inferior. Evita imitar a las personas que se encuentran en un puesto más arriba que tú, ya que esto podría ser considerado como orgullo y exceso de confianza. A esto habría que agregar que debes resistir la tentación de repetir cualquier chisme que puedas escuchar.

Puedes hacer todo esto de forma automática en 28 días, ya que este tiempo es lo que se requiere para cambiar un hábito. Puedes comprobar esto si cambias tu basurero de un lado al otro de tu escritorio. Por aproximadamente cuatro semanas vas a arrojar la basura en la dirección en que solía estar el basurero, pero después de ese tiempo la arrojarás en la dirección correcta sin tener siquiera que pensar al respecto.

Deberías evaluarte a ti mismo acerca de cualquier lenguaje corporal negativo que pudieras estar expresando. Por ejemplo, podrías andar desgarbado o hacer poco contacto visual. Podrías fruncir el ceño de forma constante. Podrías tener algún amaneramiento nervioso, tal como jugar con las monedas en tu bolsillo o sacudir un pie. Podrías tener un apretón de manos débil y poco convincente. Estas son algunas acciones sencillas por rectificar y podrían establecer una gran diferencia en la forma en que otras personas te consideran.

Una mujer que conocía fue despedida de la empresa en que laboraba. Tiempo después le dijeron que todos se habían cansado de sus suspiros constantes. Las personas la evitaban, ya que sin importar lo que dijeran, ella respondía con un suspiro. Esto era simplemente un hábito que se había salido de control, pero fue uno muy caro, uno que le costó un empleo que le encantaba.

Cuando comencé mi trabajo en el mundo editorial, a uno de los otros empleados nuevos le decían a sus espaldas "el raro". Esto se debía a que se quedaba mirando a las personas directamente a los ojos y nunca parecía parpadear. El hecho de que nunca mirara a otro lado desconcertaba a todos en la oficina. No tengo idea si pensaba que estaba manteniendo un buen contacto visual o si deliberadamente usaba sus ojos para dominar a los demás. Era inteligente y ambicioso pero duró solamente unos meses y abandonó su trabajo en el mundo editorial.

Si trabajas con esmero y muestras un buen lenguaje corporal, les dirás a todos que eres capaz, dedicado, entusiasta y profesional. También tendrás grandes posibilidades de ser promovido.

El lenguaje corporal en las ventas

Necesitas venderte a ti mismo antes de que comiences a vender tu producto. Esto significa conseguir identificarte con tus clientes potenciales antes de que puedas venderles. La cantidad de tiempo que esto requiere difiere de persona a persona. La confianza se gana de manera gradual, pero se puede perder con rapidez. Si intentas lograr una venta antes de que el prospecto sienta que confía en ti, serás considerado como agresivo y demasiado insistente.

Cuando conozcas clientes potenciales debes darles un apretón de manos razonablemente firme mientras sonríes y los miras a los ojos.

Necesitas estar consciente de la burbuja espacial en la que todos vivimos. Si te acercas demasiado al cliente potencial lo desanimarás, en especial en las primeras etapas del proceso de ventas. Deberás permanecer en la zona de negocios, la cual es aproximadamente 1.20 metros de distancia, hasta que te hayas convertido en una persona confiable para el cliente. Ya que las personas disfrutan comprándole a alguien que se encuentra físicamente cerca de ellas, podrías brincarte esta distancia entregando algo al cliente para que lo vea o lo lea. Si el cliente se mueve hacia atrás o cruza sus brazos a la defensiva, sabrás que te has movido demasiado cerca, demasiado rápido y que debes ir más lento en todo el proceso hasta que el cliente esté más relajado.

Una sonrisa genuina le dice al cliente que eres amigable, accesible y abierto. No exageres el tamaño de la sonrisa. Si entras a la habitación con una sonrisa amplia en tu rostro, tu cliente posiblemente se sienta confuso y se pregunte cuáles son tus intenciones.

Lo más probable es que las manos de las personas estén visibles cuando son honestas y sinceras. Cuando alguien exagera o dice una mentira, los movimientos de sus manos serán pocos y estas estarán colocadas en los bolsillos de la persona o escondidas detrás de un escritorio. Por consiguiente, utiliza tus manos de manera natural y permite que se vean.

Imita el lenguaje corporal del cliente potencial, pero ten cuidado de no hacerlo obvio. Si el cliente ha cruzado sus brazos, puedes hacer lo mismo, a pesar de que esto es considerado como una barrera. Después de un rato, descruza tus brazos. Si ya se identificaron, el cliente hará lo mismo. Si los brazos del cliente permanecen cruzados, cruza tus brazos de nuevo e intenta más tarde descruzarlos de nuevo.

Mantén un buen contacto visual con el contacto, pero no sostengas la mirada demasiado tiempo, esto puede ser considerado como agresivo. Sin embargo, tampoco querrás evitar el contacto visual, ya que esto te hará parecer deshonesto o falto de confianza en ti mismo.

Cuando te sientes a discutir la venta propuesta, intenta sentarte en un ángulo de 45 grados en relación con tu cliente. Esto implica confrontar menos a la persona que sentarse directamente opuesta a ella. Si te has llevado al cliente fuera de su oficina para hablar de la propuesta, permite que se siente con su espalda hacia la pared, ya que esto proporciona una protección simbólica y le ayuda a sentirse más tranquilo.

En ocasiones, le estarás vendiendo a un grupo de personas, así que deberás observar el lenguaje corporal de todos ellos y asegurarte que retienes la atención de cada uno. Incluso si conoces a la persona que toma las decisiones, es muy importante que te dirijas y hagas tu propuesta a todos.

Aprendí esto de la manera difícil hace más de 30 años, cuando vendía maquinaria para imprimir. Mi jefe y yo llegamos a nuestra cita en una compañía impresora muy grande. Mi jefe cònocía al director general y ellos tuvieron una breve charla antes de que comenzara la reunión. En la reunión, el director se sentó en un extremo de una enorme mesa de juntas y varios de sus ejecutivos se sentaron a uno de sus lados. Mi jefe y yo fuimos colocados en la mitad del otro lado de la mesa. Esta era una posición extraña desde nuestro punto de vista y es probable que haya sido arreglada de forma deliberada para hacernos sentir incómodos. Mi jefe efectuó casi toda la presentación. Me encontraba ahí para proporcionar toda la información técnica acerca de la máquina que intentábamos vender.

Mi jefe ignoró por completo a los ejecutivos que estaban frente a él y dirigió su exposición de ventas al director general. Fue interesante observar cómo los ejecutivos se cerraban cada vez más conforme progresaba la reunión. Al inicio de la reunión, se inclinaron hacia adelante y se miraban interesados. Sin embargo, de forma gradual se separaron de la mesa y cruzaron sus brazos. Uno parecía estar tomando notas pero cuando nos levantamos descubrí que había dibujado unos complicados garabatos en su cuaderno.

No hubo preguntas cuando mi jefe finalizó su exposición. El director general dijo que discutiría la propuesta con sus ejecutivos y se comunicaría con nosotros.

En el coche, de regreso a la oficina, mi jefe estaba eufórico, ya que estaba convencido que la venta estaba asegurada. Yo no estaba muy confiado pero me guardé mis pensamientos. Unos pocos días después, mi jefe telefoneó al director de la empresa y este le dijo que la junta de administración todavía estaba analizando la propuesta. Unos días después me enviaron a visitarlos para ver si podía conseguir que firmaran el contrato.

Hablé con el ejecutivo con el que regularmente me reunía en mis visitas a esta empresa. Me dijo que habían firmado un acuerdo con una compañía diferente para comprar una maquinaria que era notablemente inferior a la que les ofrecíamos. Cuando le pregunté la razón por la cual habían hecho esto, me dijo que los ejecutivos se habían sentido desairados y excluidos de la negociación y que todos habían votado a favor de la prensa de la competencia.

Mi jefe se enfureció cuando se enteró de la noticia y culpó a todos menos a él mismo. Sin embargo, aprendió de la experiencia y desde entonces incluyó a todos en las reuniones de ventas con un grupo.

Existe otra razón de porqué deberías incluir a todos los presentes en el proceso de ventas. Con frecuencia, la persona que

154 • *Lenguaje corporal*

toma las decisiones desea escuchar las preguntas hechas por otros miembros de su equipo, que en ocasiones saben más del asunto, y mantiene de forma deliberada un papel inactivo, ya que esto le proporciona tiempo para pensar.

El lenguaje corporal en la administración

Has trabajado muy arduo, has cumplido con tu deber y por fin obtienes el puesto con el que siempre has soñado. Ahora te encuentras en una posición de liderazgo y necesitas reflejar esto en todo lo que haces y dices.

Desde luego, necesitas demostrar que tienes confianza y estás en control. Puedes lograr esto al caminar erguido, establecer buen contacto visual, desarrollar un buen apretón de manos, sonreír y ser un buen oyente. Has aprendido todo lo anterior mientras progresabas en tu trabajo. Sin embargo, ahora necesitas saber más que esto.

Los experimentos realizados en Harvard y la Facultad de Administración de Columbia muestran que mantener tu cuerpo en una postura poderosa por dos minutos incrementa tus niveles de testosterona, la cual está relacionada con la confianza y el poder y reduce tus niveles de cortisol, una importante hormona del estrés. Hay tres posturas de poder principales. Puedes estar de pie con tus brazos y piernas estirados, te puedes inclinar encima de tu escritorio con tus brazos muy separados o te puedes recargar hacia atrás con tus manos entrelazadas detrás de tu cabeza y tus pies descansando sobre tu escritorio.[2] Debes hacer esto en privado antes de hacerlo en cualquier situación en la que desees sentirte con más confianza.

Necesitas ser un buen oyente. Mantente cara a cara con la persona con la que hablas y establece un buen contacto visual. Esto muestra interés. Párate erguido o inclínate hacia adelante si estás sentado. Asiente con tu cabeza, usa expresiones faciales para transmitir tus sentimientos y haz algunas otras indicaciones de que escuchas con atención. Es importante que la otra persona sepa que le estás dando toda tu atención y que estás interesado y te importa. Por consiguiente, ignora cualquier interrupción o distracción, como mensajes de texto, correos electrónicos, llamadas telefónicas o documentos en tu escritorio. No mires tu reloj, ya que esto puede indicar que sientes que la persona te impide hacer algo más importante.

Elimina cualquier barrera que tengas con la persona con la que hablas. Podrías salir de detrás de tu escritorio. También evita cruzar tus brazos, ya que esto puede ser considerado como una barrera o una señal de desacuerdo.

Una barrera interesante podría ocurrir cuando alguien se sienta a horcajadas sobre una silla, con el respaldo de esta proporcionando una protección simbólica. A pesar de que esta persona utiliza el respaldo de la silla como protección, desea controlar y dominar al grupo. La protección es necesaria con el fin de repeler a cualquiera que resienta la actitud de confrontación de esta persona.

Desarrolla un apretón de manos genuino y fuerte. No quieres darle a alguien un apretón de manos quebrador de huesos o uno débil y poco convincente. Evita dar un apretón de manos dominante. Proporciona una sonrisa genuina y establece contacto visual cuando estrechas la mano. Practica tu apretón de manos con alguien en quien confías, hasta que consigas uno con el que estés satisfecho. Si tienes un puesto de nivel superior en una corporación, vas a estrechar manos con regularidad y serás juzgado por ello.

Sé generoso con tus sonrisas. La mayoría de las personas te responden la sonrisa cuando reciben una sonrisa genuina. Sonreír te hace sentir bien y eleva el ánimo de todos los que se encuentran a tu alrededor. Esto también te hace parecer más accesible.

Utiliza tus manos. Se ha demostrado que gesticular con las manos mejora la calidad del discurso, ya que activa una parte del cerebro conocida como el área de Broca, la cual estimula los pensamientos y el habla.[3] Sin embargo, no muevas tus manos sin sentido. Utilízalas para enfatizar tus argumentos y para actuar como punto y aparte de lo que dices. Sé cuidadoso con los gestos cuando te encuentres en un país extranjero o cuando tratas con personas de otras culturas.

Recientemente, vi una entrevista en televisión con Brendan Marrocco, un joven soldado que perdió sus cuatro extremidades cuando resultó lesionado por una bomba en Irak, en 2009. Cirujanos muy diestros pudieron darle dos brazos de reemplazo. En la entrevista, dijo que es difícil sostener una conversación sin usar sus manos y brazos. "No tener brazos te quita mucho de ti. Incluso tu personalidad. Hablas con tus manos. Haces todo con tus manos y cuando no las tienes, estás como confundido por un tiempo", afirmó el soldado.[4]

Permanece tranquilo, incluso en situaciones de tensión. Esto te permite mantenerte en control de la situación, sin importar lo que ocurra. No puedes controlar o dirigir algo cuando estás inquieto, nervioso o estresado, al contrario, será contraproducente. Si te disgustas, tus subordinados también se pondrán emotivos y empeorarán la situación. Cuando estás estresado, te será difícil interpretar el lenguaje corporal de la gente y enviarás unas señales sin palabras que son confusas. El estrés altera tu química corporal y afecta a las personas de diversas maneras. Dolores de cabeza, trastornos estomacales, palpitaciones, respiración agitada, ataques de pánico, temblores en el cuerpo y boca seca son algunos de los síntomas de estrés intenso que se observan más comúnmente.

No eleves el volumen de tu voz cuando hablas con tus subordinados, sin importar lo enojado que estés. Hace muchos años, tenía un jefe que vociferaba y gritaba a la menor provocación y no podía comprender por qué nadie trabajaba con él por mucho tiempo. Mantente consciente de tus emociones.

Si es posible, tómate unos pocos minutos para tranquilizarte. Toma respiraciones lentas y profundas hasta que te sientas lo suficiente calmado para solucionar la situación. Una técnica útil es hacer inhalaciones lentas y profundas y retener la respiración unos dos segundos y exhalar con un suspiro. El estrés se acumula alrededor de los hombros, así que el rotar tus hombros mientras respiras lentamente también podría ayudar.

Incluso si te es difícil relajarte por completo, recuerda que si pareces estar calmado, podrás persuadir a otros.

Es probable que necesites pronunciar algunos discursos de vez en cuando y quizá necesites aprender cómo expresarte verbalmente o sin palabras frente a una audiencia. La parte más importante es asegurarte que tus palabras y tu lenguaje corporal son congruentes. Si envías señales sin palabras que concuerdan con lo que dices, tu audiencia subliminalmente reaccionará ante esto y creerá lo que estás diciendo. También deberás cerciorarte que tu voz transmite cordialidad, confianza y sinceridad.

Hace unos meses, escuché a un orador decir a su audiencia que estaría muy complacido de responder cualquier pregunta. Mientras decía esto, sus manos hicieron movimientos como si estuviera cepillando algo que alejaban a la audiencia. No es necesario decir que nadie le hizo una sola pregunta.

Cuando presides una reunión, podrás usar tus habilidades de lenguaje corporal para observar a las personas que asisten. Esto te permite darte cuenta de su lenguaje corporal y determinar sus opiniones, actitudes y sentimientos. Notarás sus inconsistencias cuando notas que lo que dicen no concuerda con su lenguaje corporal. También notarás cuando sus palabras y su lenguaje corporal sí concuerdan. Observar a las otras personas también las obliga a mantenerse activas e involucradas, ya que saben que son observadas.

Confía en tu intuición. El doctor Jonas Salk (1914-1995), el inventor de la vacuna contra la polio, dijo: "La mente intuitiva le dice a la mente lógica dónde buscar a continuación". Existen muchos ejemplos de ejecutivos de empresas que toman decisiones exitosas con base en su intuición. Cuando alguien siente que algo es correcto, por lo general así es. Si sientes que algo está mal, tu intuición te está advirtiendo que te mantengas alejado de eso. Quizá no te des cuenta de manera consciente cuando el lenguaje de alguien no es congruente con lo que está diciendo, pero podrías captar esto intuitivamente. Unir tu intuición a tu lenguaje corporal te permite darte cuenta de cosas que son invisibles para todos los demás.

También te has ganado el derecho de demostrar tu fuerza en formas sutiles. Podrías recargarte hacia atrás en tu silla y unir tus manos detrás de tu cabeza. Puedes unir tus manos en forma de pirámide. Puedes ocupar más espacio relajándote en tu silla y colocando un brazo sobre el respaldo de una silla adyacente. Sin embargo, también debes darte cuenta que hay un tiempo y un lugar para hacer estos gestos.

Fiestas de la oficina

Las fiestas de la oficina son una buena manera para el personal de una empresa de relajarse y conocerse mejor. Sin embargo, también pueden ser verdaderos campos minados; prácticamente todos conocemos historias de personas que hicieron el ridículo al beber en exceso o actuar de forma inapropiada en una recepción en la oficina.

Mantener buenas relaciones con los compañeros de trabajo tiene una importancia vital en el desarrollo profesional de alguien. Las personas que son accesibles, amigables y que resulta sencillo tratarlas, tienen mayores posibilidades de ser promovidas que sus compañeros antipáticos y poco serviciales.

Las fiestas de la oficina proporcionan una buena oportunidad para ampliar tu círculo de contactos de negocios, conocer compañeros de departamentos diferentes e impresionar a otros con tu sociabilidad y tus habilidades para comunicarte. Si haces todo esto, las fiestas en la oficina serán una forma eficaz de ser notado por personas que te pueden ayudar a progresar en tu profesión.

Lo más importante que debes recordar es que una fiesta de la oficina es una oportunidad para ampliar tu círculo de contactos de negocios. Tienes que ser cuidadoso con el alcohol. No necesitas embriagarte para pasar un buen rato. Puedes arruinar la noche e incluso todo tu desarrollo profesional, al no poner un límite en una fiesta del trabajo. Si bebes en exceso, dirás o harás cosas que nunca soñaste en hacer o decir sobrio.

Sonríe y muestra que te sientes feliz antes de entrar en la habitación o el salón donde se lleva a cabo la fiesta. Saluda a las personas de cualquier forma que sea apropiada en la compañía donde trabajas. Podrías intercambiar apretones de manos, choque de puños, abrazos, cinco dedos arriba y posiblemente una mezcla de estos. Si estrechas manos, asegúrate de ofrecer tu mano verticalmente, con el pulgar arriba y el dedo meñique por debajo. Las fiestas de la oficina no son un buen lugar para intentar el apretón de manos dominante pero tampoco querrás usar un apretón de manos sumiso.

Exhibe una postura abierta. Evita cruzar tus brazos o incluso sostener tu vaso con ambas manos, ya que esto crea una barrera sicológica. Párate bien equilibrado en ambos pies y demuestra que estás disfrutando la fiesta, incluso si no lo estás. Si te paras con una postura abierta, otras personas a tu alrededor se sentirán relajadas. Si te paras con tus brazos cruzados, y posiblemente también tus piernas, parecerás estar a la defensiva e inaccesible.

Sonríe y ríe cuando sea apropiado. Todos saben que deberían reír siempre con las bromas del jefe. La risa es contagiosa e incrementa la conexión entre los miembros de un grupo.

Postura

Pocas personas prestan atención a su postura. Pero estarían sorprendidas de saber que unos pocos cambios en la manera en que se paran, se sientan y caminan pueden transformar la forma como los ven las otras personas. Caminar de manera desgarbada es un buen ejemplo. Alguien que camina desgarbado está encorvado y por lo general mira hacia abajo. Alguien con una postura desgarbada parece débil, tímido, apático, inseguro, inaccesible y falto de confianza en sí mismo. En ocasiones es una señal de aburrimiento o depresión. También es potencialmente dañino para la salud de la persona, ya que una postura desgarbada puede ocasionar dolores de cabeza y de espalda.

Nada de esto refleja confianza a los demás. Un jefe posiblemente no se fijaría en un empleado que tiene una postura desgarbada y le pediría a alguien que parece más enérgico que se hiciera cargo de una labor importante. ¿Te acercarías a alguien desgarbado y le pedirías una cita?

Por fortuna, es sencillo remediar una postura desgarbada. Todo lo que la persona necesita hacer es levantar su cabeza y jalar los hombros hacia atrás. Esto de inmediato cambiará la apariencia de la persona y la hará más atractiva para otros. Además, se sentirá más poderosa y confiada y mejor respecto a sí misma. Como ventaja adicional, se volverá ligeramente más alta, ya que estar de pie bien erguido incrementa la estatura de la persona. ¿Recuerdas a tu madre diciéndote que te pararas más erguido? Era un buen consejo ya que tu madre sabía que la estatura está asociada con el poder, la influencia y la confianza. La persona notará los efectos de inmediato.

Puedes comprobar fácilmente lo que el estar de pie bien erguido hace por tu apariencia. Párate frente a un espejo de cuerpo entero y examina tu imagen. Nota cómo estás parado, dónde están tus brazos, la posición de tu cabeza y la expresión que tienes. ¿Qué mensaje te transmite esto?

Una vez que has hecho lo anterior, aléjate y decide cómo deseas ser considerado por los demás. Esto automáticamente cambiará tu postura. Regresa al espejo y date cuenta de todos los cambios en tu postura. También puedes experimentar al pretender sentirte miserable, aburrido, enojado, poco confiado y sumiso. Descubrirás que incluso pretender tener estos sentimientos cambia tu postura. Si mantienes la postura, dejarás de pretender y comenzarás a experimentar realmente los sentimientos.

Mientras te analizas en el espejo, observa tu expresión facial cuando está en reposo. Puedes descubrir que tu boca se baja en las esquinas o que pareces mirar de reojo o frunces el ceño. Las personas asumirán que tu expresión facial revela tu carácter. Si ves que tu expresión facial expresa tristeza, malhumor, preocupación, o algo más, comienza a hacer algo al respecto.

Si deseas dar la impresión de alguien franco y amigable, trata de sonreír con mayor frecuencia. Practica tu sonrisa frente al espejo. Toma un cierto tiempo cambiar tu expresión facial habitual, pero vale la pena hacerlo si deseas que la gente te vea como una persona feliz y amigable.

Ahora que sabes cómo tus sentimientos influencian tu postura, decide respecto a la imagen que deseas presentar al mundo y concéntrate en ella cada vez que andes de un lado para otro. En cuestión de semanas, ya no tendrás que pensar conscientemente acerca de ella, ya que se volverá una parte natural de tu vida. Cuando logres esto, estarás proyectando tu imagen deseada todo el tiempo.

Tu postura también puede ser detectada por personas que hablan contigo en el teléfono. Esto se debe a que tu postura afecta tu respiración e incluso ocasiona cambios ligeros en tu voz. Asegúrate de mantenerte erguido al estar de pie o al estar sentado cuando hablas por teléfono. Te escucharás positivo y entusiasta si sonríes cuando contestas el teléfono. Si tienes una edad mediana o avanzada, el hacer esto te hará escucharte más joven. Esto también te hará sentirte más confiado y podrás tomar decisiones con mayor facilidad. A menudo me preguntan si las personas deben hacer sus gestos usuales de las manos mientras hablan por teléfono. Es obvio que estos no pueden ser vistos por la persona con la que hablas, pero le agregarán fuerza e intención a tu voz.

La ropa que usas también les habla a las personas acerca de ti. Es natural que te sientas con mayor confianza cuando estás bien vestido. Obviamente, lo que usas estará determinado por tu puesto en la empresa y el trabajo que desempeñas en particular. La persona que hace la limpieza no necesita usar traje, pero el personal de ventas y de administración sí podría. En el trabajo podrías estar limitado en lo que puedes usar de ropa razonablemente. Por ejemplo, muchas personas usan uniforme. Incluso si no usas un uniforme, el tipo de trabajo que desempeñas y los reglamentos de la empresa influenciarán lo que puedes o no puedes usar. Incluso las labores específicas que llevas a cabo en diferentes días podrían influenciar lo que usas. Uno de mis hijos trabaja en publicidad. La mayor parte del tiempo usa ropa casual aunque elegante. Sin embargo, también tiene un traje y una corbata en su oficina con la que se cambia si necesita ver a un cliente. Una vez que concluye la reunión de negocios, vuelve a usar su ropa casual.

Si decides no acatar el código de vestir de tu empresa u ocupación, podrías ser visto negativamente y esto podría afectar tus oportunidades de promoción.

No hace mucho tiempo, tuve que visitar a mi abogado. Cada vez que lo veía usaba un traje oscuro, con una camisa blanca y una corbata azul. Sus zapatos brillaban con cera para calzado. Si algún día hubiese llegado y lo hubiera encontrado usando unos pantalones de mezclilla sucios y una camiseta, me hubiera quedado atónito. Yo quiero que mi abogado se vista de forma conservadora. Sé que la ropa que usa no va a determinar cuán bueno es en su trabajo, pero estoy seguro que perdería una gran

cantidad de clientes si comenzara a usar ropa casual en su trabajo. Esto se debe a que la gente espera que los abogados de edad
mediana usen trajes de buena calidad. Los códigos de vestir se
están volviendo más informales, pero todavía emitimos juicios
acerca de lo que usa la gente.

En el mundo de los negocios, si deseas transmitir una imagen
de autoridad y éxito, deberías vestir con más formalidad que el
personal que está subordinado a ti. Las personas tienden a pensar que los trajes oscuros están asociados con honestidad y una
actitud seria, mientras que los colores claros son asociados con
situaciones informales. Es cierto que una ropa ligeramente
conservadora es una decisión más segura que usar algo que sea
ostentoso o totalmente inapropiado.

No importa cuál es tu puesto en la empresa, deberías vestir
con propiedad. También deberías asegurarte que tus zapatos estén bien boleados, que tu cabello y tus uñas estén limpios y que
tu ropa esté limpia y sea elegante.

Si combinas la ropa apropiada con una buena postura, tendrás una combinación ganadora que te ayudará a progresar en tu
profesión.

Hay un viejo refrán respecto a que deberías vestirte para el
trabajo al que aspiras. Esto es algo bueno en teoría, pero quizá no
lo sea en la práctica. Podría crear conflicto con tus compañeros
de trabajo, en especial si te hace sobresalir de la multitud. Si eres
un plomero que aspira a un puesto administrativo, no querrás
usar traje y corbata mientras llevas a cabo alguna labor manual.

Al igual que tu ropa, también podrías considerar aquello con
lo que te rodeas en tu lugar de trabajo, ya que todo esto será tomado en cuenta y evaluado por los demás. Incluso tu elección de
celular afecta la impresión que causas en otros.

Por otro lado, ¿has considerado las frases, "su Alteza" y "es
del bajo mundo"? ¿Y qué tal, "se siente de la alta sociedad", y
alguien que, "mira a todos hacia abajo"? Todas estas frases se

relacionan con el nivel social de la persona. No importa lo alto o bajo que puedas ser, no deseas que tu estatura afecte la interacción con alguien. Una forma de ajustar una discrepancia en la altura es mantenerte un poco atrás de manera que no mires directamente hacia arriba o abajo a la otra persona.

Existen momentos cuando puedes desear parecer más pequeño de lo que eres. Por ejemplo, podrías hacerlo si tratas con un cliente que es más bajo que tú. En esta situación, no deseas parecer dominante en la situación. Puedes hacer esto sugiriendo que los dos se sienten. Algo alternativo es que podrías dar un paso atrás o agacharte un poco.

Si tienes un empleo de escritorio, siéntate erguido y mantén tu espalda paralela al respaldo de la silla. Esto te hace parecer más seguro de ti mismo y capaz. Sentarse con la espalda erguida, con tus pies bien plantados en el suelo y mirando al frente, transmite seguridad y confianza en uno mismo.

Las posturas corporales se pueden clasificar en dos grupos: cerradas y abiertas. Si alguien se sienta con los brazos cruzados, sus piernas cruzadas y todo su cuerpo volteado de espaldas, está exhibiendo una postura cerrada. Si se sienta con los brazos y piernas sin cruzar y las palmas de sus manos visibles, está mostrando una postura abierta. Una postura abierta es una señal de franqueza, amigabilidad y disposición para relacionarse con otras personas. Las personas con una postura abierta les agradan más a los demás y son más tratables que las personas con una postura cerrada. También es mucho más sencillo persuadir o influenciar a otros usando una postura abierta. El presidente Barack Obama es un buen ejemplo de alguien que usa una postura abierta para causar un buen efecto. También se mantiene muy erguido cuando está de pie y esto lo hacer ver entusiasta y lleno de energía.

Una forma muy eficaz de congeniar con alguien es inclinarse adelante hacia la otra persona, en especial cuando ambos están sentados. Alguien que se inclina hacia atrás se está distanciando de manera subconsciente. También puede indicar desagrado o puede hacerse deliberadamente en un intento por controlar y dominar. Alguien que se inclina hacia una persona está demostrando que le agrada esa persona y que está interesada en escuchar lo que tiene que decir. Sin embargo, necesitas ser cauteloso con esto cuando conoces a alguien por primera vez, ya que la otra persona puede pensar que invades su espacio personal si te inclinas demasiado hacia adelante.

Imitar o reflejar la postura de la persona con la que tratas hace que la interacción sea más placentera, ya que da la impresión de que ambos tienen las mismas metas. La mayor parte del tiempo, la persona subordinada imita la postura de la persona que es su superior, en lugar de que esto sea a la inversa. Imitar es algo que se realiza de forma subconsciente cuando nos encontramos en armonía con otra persona. El término técnico para esto es *sincronía límbica*. Si estás disfrutando una plática con un amigo cercano, descubrirás que te sientas en la misma forma y que tus brazos y piernas imitan a los de tu amigo.

La imitación también se puede realizar de forma deliberada para conseguir identificarte con una persona. A los vendedores se les enseña cómo hacer esto, ya que es mucho más sencillo vender algo cuando el vendedor y el cliente potencial se han identificado.

Otra ventaja de imitar el lenguaje corporal de alguien es que te permite tener una idea de lo que la persona experimenta y ver lo que ocurre desde su punto de vista. Esto se debe a que nuestros cuerpos y emociones están íntimamente relacionados.

Los hombres con frecuencia están renuentes a imitar la postura de una mujer. Sin embargo, pueden conseguir identificarse con ella al imitar sus expresiones faciales mientras la escuchan. Las mujeres tienden a mostrar más expresiones faciales que los hombres, ya que muchos hombres tratan deliberadamente de parecer tan fríos como sea posible.

Cada vez que te sientas triste o infeliz por cualquier motivo, cambia tu postura y nota cómo te sientes mucho mejor. Cambiar tu postura cambia tu estado de ánimo y de inmediato hace que te sientas más positivo y vivo.

Puedes hacer buen uso de estas destrezas si intentas conseguir una pareja romántica. Sin embargo, hay muchas otras señales que se pueden aprender para ayudarte a decirle a una persona sin usar palabras que estás interesado en ella. También necesitas poder reconocer las señales que te envían. Ese será el tema del siguiente capítulo.

Solo vino por amistad y se llevó amor.
—Thomas Moore

Capítulo nueve

El lenguaje corporal del amor y el romance

Cuando tenía 20 años, trabajé para ganarme mi pasaje de Nueva Zelanda al Reino Unido como camarero en un barco. Compartía mi cabina con otros cinco jóvenes y pasábamos la mayor parte de nuestro tiempo libre hablando acerca de mujeres y las diferentes técnicas usadas para tratar de conocerlas. Por fortuna para mí, todos ellos ya habían realizado varios viajes previos en ese barco y sabían dónde encontrar fiestas en todos los puertos. Fue evidente desde el primer puerto que uno de los jóvenes era un maestro en conquistar mujeres. Nos invitaron a una fiesta y menos de diez minutos después de que llegamos salió con una atractiva joven. Cuando regresamos al barco le pregunté si la había conocido antes en sus visitas previas. "No, nunca la había visto", respondió. El resto de nosotros no había tenido nada de éxito. Mis otros compañeros de cabina lo apodaban "Suertudo", ya que lograba hacer lo mismo en cada puerto de escala.

En efecto, hizo lo mismo en el siguiente puerto, pero esta vez le tomó 30 minutos salir de la fiesta con una chica. Cuando llegamos a Panamá, estaba decidido a descubrir el secreto de su éxito. Lo observé con detenimiento y perplejo, mientras revisaba tranquilamente la sala hasta que encontró una dama a la que deseaba hablarle. Se presentó con ella, charlaron un rato y luego salió de la fiesta acompañado de ella. Lo observé hacer esto de nuevo en Fort Lauderdale, Florida; Kingston, Jamaica y Bermudas. Abandoné el barco en Londres sin saber nada. Esto me intrigó durante mucho tiempo. Este joven tenía una estatura promedio, así como un rostro y un físico ordinarios. No era la clase de persona que alguien mirara dos veces. No obstante, sabía algo que yo no sabía.

Me tomó años darme cuenta que este joven sabía cómo enviar y recibir las señales de lenguaje corporal correctas. No sé si las había aprendido en algún lugar o si era algo instintivo. Con toda certeza no estaba preparado para hablar de ellas con sus compañeros de cabina.

Constantemente conozco personas que experimentan problemas con coquetear, tener citas y a menudo simplemente con conocer posibles parejas. En la mayoría de los casos, los problemas surgen debido a que la persona no ve o bien malentiende los mensajes sin palabras que le envían. Las mujeres por lo general son mejores que los hombres para interpretar estas señales. La mayor parte del tiempo, las mujeres también tienen que realizar el primer movimiento y con frecuencia se sienten frustradas cuando las señales sutiles que envían no se reconocen.

Vi un ejemplo impactante de esto hace unos pocos meses en una fiesta de compromiso. La mayoría de los invitados tenían alrededor de veintitantos años y fue fascinante observar su lenguaje corporal mientras interactuaban unos con otros.

Uno de los invitados era un joven aparentemente tímido que parecía no conocer a nadie. Se encontraba de pie con sus brazos sujetos al frente. Sus hombros estaban hundidos y esbozaba una sonrisa nerviosa en su rostro. Separaba sus manos solamente cuando tomaba un sorbo de su bebida que estaba colocada en una mesa a su lado.

A unos pocos metros se encontraban cuatro mujeres jóvenes que obviamente se conocían bien entre ellas. Estaban contentas, relajadas y disfrutaban la noche. Me di cuenta que una de estas mujeres se mantenía lanzando miradas al joven. Cada vez que ambos establecían contacto visual, ella le sonreía y desviaba la mirada. Esta es una señal de que una mujer es accesible. Luego se tocó su cuello y cambió un poco su posición de manera que ahora estaba frente al joven. El joven parecía estar inconsciente a todas estas señales de interés.

La mujer continuó su conversación con sus amigas pero se mantuvo mirando al hombre, quien parecía más interesado en su bebida que en conocer a la atractiva joven. Ella pasó sus dedos por su cabello, se tocó descuidadamente su cuello y su garganta y ladeó su cabeza. Pero él todavía parecía no darse cuenta de lo que ella hacía.

Finalmente, se disculpó con sus amigas y fue a hablar con el joven. El rostro de este se sonrojó y pude ver cómo su manzana de Adán se movía arriba y abajo. Durante los primeros dos minutos, ella habló la mayor parte del tiempo, pero gradualmente esto se convirtió en una conversación, y cuando la noche finalizó los dos todavía seguían juntos y él le agarraba la mano.

Pudo haber habido un buen número de razones por las que este hombre fracasó en reconocer cualquiera de las señales que ella le envió. Parecía no conocer a nadie en la fiesta, así que podría haber sentido pena por sí mismo y no darse cuenta de lo que ocurría a su alrededor. Podría haber visto las señales, pero no era lo suficiente valiente para acercarse a ella. La explicación más factible es que, siendo un hombre, simplemente no pudo reconocer las señales.

Hace unos días, mientras esperaba en la fila para comprar unos boletos para el cine, escuché sin querer parte de una conversación entre dos jóvenes.

"Jean está muy interesada en ti", dijo uno de ellos.

"¿De verdad?", respondió el otro, obviamente sorprendido.

"Sí. Debes haberte dado cuenta cómo te mira".

"No me he dado cuenta. ¿Qué quieres decir con eso?".

"Hablo de la forma como te mira todo el tiempo, con una sonrisa en su rostro. Su mirada se suaviza, se humedece los labios con su lengua y se toca el cuello. Seguro te has dado cuenta".

"No me he dado cuenta".

Si buscas pareja, la información en este capítulo te ayudará a reconocer las señales amorosas de galanteo dirigidas hacia ti y también te permitirá enviar las señales amorosas apropiadas.

Señales amorosas femeninas

Ojos

Un breve contacto visual, seguido por una sonrisa ligera, por lo general es el primer paso para que una mujer le diga a un hombre que está interesada en él. Esto a menudo se hace con una mirada de reojo. La primera vez que ella hace esto, el contacto visual es solo por un segundo o dos. Si el hombre está interesado, se mantendrá mirando a la mujer para ver si ella lo mira de nuevo. Por lo general, ella tendrá que repetir esto tres veces para que el hombre se percate de lo que ella está haciendo. Si el hombre no reconoce estas señales, la mujer puede esperar un minuto o dos, y entonces darle una mirada más prolongada, acompañada de una sonrisa más amplia. Si después de esto el hombre no se aproxima a la mujer, será decisión de la mujer decidir si ella se acerca o no a él. Esto es mejor que estarle enviando sonrisas pequeñas toda la noche.

Las pupilas se dilatan para expresar interés. Esto es totalmente involuntario. Algunas mujeres abren sus ojos de forma deliberada cuando hablan con una posible pareja. Este gesto las hace parecer más jóvenes e indefensas, lo cual por lo común no es el caso. No obstante, hay que ser cauteloso porque si los ojos se abren demasiado, la persona parecerá asustada en vez de coqueta. Con frecuencia, un incremento en la cantidad de parpadeos revela el interés de la persona.

Sonrisas

Una pequeña sonrisa momentánea que se repite unas pocas veces indica interés. Después de cada sonrisa, la mujer desvía la mirada. Un minuto más tarde, mira de nuevo, sonríe de nuevo y desvía la mirada. Puede tener que hacer esto varias veces antes de que el hombre se dé cuenta de lo que está haciendo. En ocasiones, la cabeza se ladea y un hombro se levanta un poco para crear una impresión de sumisión.

La investigación ha demostrado que los hombres no se acercan a una mujer hasta que ella les ha enviado una indicación sin palabras de su interés. Una sonrisa acompañada por un levantamiento rápido de cejas es la forma más usual de hacerlo.

Una vez que el hombre y la mujer se han conocido mejor, una sonrisa genuina mientras platican es la mejor forma para que una mujer le haga saber al hombre que lo encuentra atractivo.

Cabello

Las mujeres en ocasiones juegan con su cabello. Pueden darse palmaditas, retorcerse o alisarse el cabello, pasar sus dedos por encima de este o lanzar su cabeza hacia atrás para sacudirlo y exhibir su rostro.

Cuello

El cuello es un área vulnerable y las mujeres se lo tocan con frecuencia como parte de un ritual de coqueteo. También pueden tocarse otras partes del cuerpo.

Labios

Las mujeres con frecuencia se humedecen los labios con la lengua para animar a la persona a pensar en cómo sería besarlos. Este gesto es provocativo y el hombre pensará que ella lo está incitando. Si la mujer no está preparada para irse a la cama con el hombre, deberá utilizar este gesto con cautela.

Rodilla y pie

Si la mujer se encuentra sentada, puede dirigir su rodilla o su pie hacia la persona por la que se siente atraída. Si está parada, su pie estará en un ángulo respecto a la persona.

Piernas

Si la mujer se encuentra sentada, puede entrelazar sus piernas para llamar la atención hacia ellas y hacerlas parecer más atractivas. Cruzar y descruzar sus piernas sirve para el mismo propósito. Puede acariciarse los muslos mientras hace esto.

También podría abrir sus piernas un poco. Puede hacerlo ya sea que se encuentre sentada o de pie. Esto es contrario al consejo que probablemente le dio su madre respecto a mantener sus piernas juntas o cruzadas todo el tiempo.

Podría sentarse con una pierna cruzada sobre la otra. Su rodilla señalará hacia la persona por la que siente interés. Esta posición le permite a la otra persona una mirada tentadora de sus muslos.

Ropa

En ocasiones, las mujeres se alisan la ropa como un gesto de acicalamiento. Esto por lo común es acompañado de tocarse varias partes del cuerpo, como los muslos, el cuello y el rostro.

Palmas y muñecas

Una vez que las dos personas están platicando, la mujer expondrá sus palmas y sus muñecas. Las muñecas vulnerables son consideradas una zona erógena poderosa.

Tacto

Después de que una pareja ha platicado durante un rato, la mujer tocará ligeramente al hombre en el brazo. Esto se puede hacer de manera deliberada o como algo en apariencia accidental. Ella observará para ver cómo reacciona el hombre a esto antes de volverlo a tocar. El tocarse lleva el encuentro a un nivel diferente de intimidad.

Señales amorosas masculinas

Postura

Los hombres corrigen su postura al pararse más erguidos, meter sus estómagos y levantar sus cabezas un poco. Esto es algo inconsciente en gran medida. Una vez que ha establecido contacto, el hombre podría estar con sus pulgares en su cinturón y sus dedos señalando hacia sus genitales.

Ojos

Cuando un hombre ve a una mujer que le gusta, hará un levantamiento rápido de cejas involuntario para expresar su interés.

Los hombres aumentarán sus miradas y dejarán que sus ojos se muevan alrededor del rostro de la mujer desde el nivel de los ojos hasta el mentón. Los ojos se dilatarán de forma involuntaria para revelar su interés.

Una vez que el hombre y la mujer han comenzado a platicar, el hombre puede incrementar sus oportunidades tremendamente al concentrar toda su atención en ella. Cuando no está teniendo un contacto visual directo, debería dejar que sus ojos exploren su rostro. Los hombres con "ojos dispersos" no son considerados en ningún lugar como atractivos, a diferencia de los hombres que usan sus ojos de manera apropiada.

Arreglo personal

Cuando los hombres se vuelven conscientes de su apariencia comienzan a cuidar su arreglo personal. Esto podría ser alisar su cabello, arreglarse la corbata, limpiar motas de polvo invisibles de su ropa y tocar su cuello y sus mangas. Este comportamiento de acicalamiento se puede encontrar en todo el reino animal.

Consejos para cortejar a alguien

Si deseas conocer a alguien, debes ser lo suficiente valiente para alejarte del grupo de amigos con los que te encuentras. Alguien a quien le encantaría conocerte podría considerar demasiado intimidante interactuar con un grupo de extraños.

Mantén una postura abierta. Asegúrate de que tus brazos y piernas no están cruzados. Si los brazos y piernas de una persona se mantienen cruzados después de que has hablado con ella, es probable que esto sea una señal de que no está interesada. Mantén tus brazos fuera de tus bolsillos. Las manos en los bolsillos envían el mensaje de que no deseas involucrarte en la conversación.

Si la persona que acabas de conocer sigue mirando alrededor de la habitación en lugar de concentrarse en ti, discúlpate y encuentra a otra persona con quien platicar. Los ojos dispersos son una señal de que no está interesada en ti y que desperdiciarás tu tiempo si continúas con la conversación.

Proyecta una impresión de confianza y muestra que te estás divirtiendo.

Establece un buen contacto visual con las personas y escucha lo que tienen que decir. Si muestras un interés verdadero en la gente, descubrirás que le agradas y que desea conocerte mejor. La investigación que se ha realizado respecto a la duración del contacto visual muestra que las personas que compartieron un contacto visual más prolongado que lo usual durante una conversación informal se sintieron mucho más afectuosas hacia la otra persona que la gente que tuvo menos contacto visual.[2]

Debes estar consciente de tu espacio personal. Obviamente, esto no se aplica en un centro nocturno atestado de personas, pero si alguien que conociste recientemente se acerca gradualmente cada vez más y más a ti, sabrás que le agradas.

Lo mismo se aplica al tacto. Si alguien te toca de una manera amigable y repite el toque más tarde, sabrás que le gustas. Estarse tentando es un asunto completamente diferente. Alguien que te está tentando toda la noche está interesado en llevarte a casa con un solo propósito. Eso está bien, si eso es lo que tú también quieres. Sin embargo, si lo que buscas es una posible relación seria, unos pocos toques son más prometedores que un manoseo. Los hombres por lo general se sienten felices de que los toque una mujer. No obstante, las mujeres no son tan entusiastas de que las toquen hombres que acaban de conocer.

Una vez que has iniciado una conversación con alguna persona que te interesa, intenta pararte en un ángulo de 45° respecto a ella. Esta es una posición abierta y amistosa. Pararte directamente de frente a alguien que acabas de conocer puede ser intimidante para algunas personas.

Honestidad

Es importante ser honesto cuando conoces a alguien nuevo. Conocí a un hombre que siempre les decía a las mujeres que era un piloto de una aerolínea. Pensaba que era más factible que le permitieran seducirlas si creían que se dedicaba a eso, en lugar de decirles que era un empleado de oficina. Esto podría resultar bien en un solo encuentro, pero cualquier relación duradera basada en la deshonestidad fracasará inevitablemente.

El secreto verdadero de buscar una pareja es ser tú mismo. Sé honesto. Conforme la relación avanza, comparte más y más de ti mismo. Utiliza las técnicas que se encuentran en este capítulo para conocer personas y ten la confianza de que tarde o temprano encontrarás a la persona apropiada para ti.

Amor o deseo

Los sicólogos han llevado a cabo experimentos para ver si es posible determinar si dos personas en una primera cita sintieron amor o deseo. Gian Gonzaga y sus colegas secretamente grabaron en video a algunas parejas que hablaban acerca de su primera cita y luego las interrogaron, preguntándoles si la plática fue más de amor que de deseo o viceversa. Los videos mostraron que cuando la pareja decidió que la plática era más acerca de amor, ellos se inclinaron hacia adelante una con otro, sonrieron y asintieron con la cabeza. Las parejas que decidieron que la conversación era más acerca de deseo tuvieron una mayor tendencia a sacar sus lenguas y humedecerse los labios.[3] Podría ser una buena idea ver si tu compañía en una primera cita se inclina hacia adelante o se humedece los labios.

Mantenimiento de una relación

Está muy bien invertir tiempo y energía en encontrar a la pareja correcta, pero una vez que la has encontrado, necesitas asegurar que la relación se vuelva una relación permanente. Quizá conozcas, como yo, varias parejas de personas que parecen estar hechas la una para la otra. Sin embargo, algunas de estas aparentes relaciones ideales fracasan y no perduran. Es obvio que cada relación es diferente y que lo que parece ser una relación perfecta para un extraño podría parecer lo opuesto para las dos personas involucradas.

Hay cierto número de factores para lograr una relación exitosa y duradera. Estos incluyen:

- *Amarse el uno al otro y expresar esto en palabras y acciones.*
- *Estar comprometido con la relación.*
- *Ser el mejor amigo de la otra persona.*
- *Ser fiel, tolerante y saber perdonar.*
- *Dedicar tiempo de calidad a la relación.*
- *Confiar el uno en el otro.*
- *Comunicarse el uno con el otro.*

Se podrían escribir libros enteros acerca de cada uno de estos factores. El único factor que nos interesa aquí es el último: la comunicación. Debe haber una buena comunicación para que la relación perdure y esto implica tanto la comunicación hablada como la comunicación sin palabras.

La risa

Por lo general hay mucha risa en una relación feliz. Todos experimentamos altas y bajas en la vida, así que también hay momentos para las lágrimas en algunas ocasiones. Sin embargo, la habilidad para que la otra persona se ría y se sienta feliz es vital.

Tus cejas deberían levantarse y tus ojos abrirse ampliamente cuando saludas a tu pareja. En general, las sonrisas necesitan ser genuinas. Siempre habrá ocasiones cuando uno de los dos hace algo tonto y el otro sonría, pero no en serio. Sin embargo, la mayoría de las sonrisas que compartas deben ser sonrisas genuinas, felices, que incluyan los ojos al igual que la boca.

El abrazo

A todas las personas les encanta ser abrazadas por alguien que aman. Sostén a tu pareja muy cerca, cara a cara, estómago contra estómago y abrázala de verdad. Los abrazos pueden mostrar el estado de la relación.

Si el abrazo está confinado a la cabeza y los hombros y no incluye el resto del cuerpo, la atracción sexual se ha ido de la relación.

Existen problemas importantes en la relación, en especial relacionados con la intimidad, si uno de los dos siempre abraza al otro por atrás.

Quizá haya problemas sexuales si los abrazos solo duran unos pocos segundos.

Todos estos problemas se pueden resolver mientras las dos personas todavía se amen.

El tacto

Las personas que están enamoradas se tocan todo el tiempo, debido a que disfrutan estar físicamente cerca el uno del otro. Es una señal de problemas en la relación si una persona levanta un hombro para rechazar subconscientemente a la otra persona.

Por lo general, cuando esto ocurre, las parejas tenderán a inclinarse lejos una de la otra para incrementar la distancia física entre ellas. Varias fotografías del príncipe Carlos y la princesa Diana muestran estas posturas y claramente demuestran los problemas que tenían en su relación.

El caminar

Las parejas felices caminarán una al lado de la otra. Dependiendo dónde se encuentren y lo que estén haciendo, probablemente se agarrarán de las manos o alternativamente la mujer puede descansar su mano en el brazo del hombre. A menudo, y sin darse cuenta, también sincronizarán sus pasos.

Es una señal de problemas en la relación cuando las parejas caminan separadas, con una de ellas caminando varios pasos detrás de la otra. Subconscientemente, la persona al frente se está distanciando de la otra.

La imitación

Las parejas felices se imitan una a otra todo el tiempo sin darse cuenta. El imitarse de forma deliberada es una técnica útil en una situación de ventas, pero no es necesaria en una buena relación de pareja ya que se hace de manera automática.

Es tiempo de partir

Todos sueñan con encontrar a la persona correcta y vivir felices para siempre. Infortunadamente, esto no ocurre en la mayoría de los casos. En Estados Unidos, se calcula que entre 40 y 50% de todos los primeros matrimonios termina en divorcio y hasta un 60% de los segundos matrimonios termina de la misma manera.[4]

Toda relación experimenta altas y bajas y si la pareja no puede resolver sus problemas, con frecuencia es mejor para ellos separarse en lugar de continuar viviendo en un estado de estrés y desacuerdos constantes. Si deseas que la relación sobreviva, busca ayuda profesional antes de que empeore más allá del punto de reparación.

Existen señales tanto con palabras como sin ellas de que es tiempo de que la relación concluya. Las indicaciones con palabras incluyen chillidos, gritos, humillaciones verbales, palabras denigrantes, insultos y discusiones frecuentes.

Las señales sin palabras incluyen a uno de los dos clavando un dedo en el rostro o el pecho del otro. Después de esto puede que no quede nada de respeto. De hecho, esta es una señal grave, potencialmente peligrosa, ya que el paso siguiente podría ser la violencia física.

Otra señal negativa sería cuando una de las personas se para dentro del espacio de la otra con las manos en las caderas y gruñendo, con una expresión enojada en su rostro.

Es una señal de peligro si una persona voltea sus ojos y/o suspira ruidosamente mientras la otra persona habla. Este es el caso en especial si se hace en público, así como en privado.

Otra señal grosera y descortés para alguien es hacer gestos y muecas groseros mientras la persona habla. Esto puede hacerse abiertamente o detrás de la espalda del hablante.

Las relaciones destruidas son estresantes y difíciles para todos los involucrados. Con suerte, luego de un tiempo todos los involucrados aprenden y maduran con la experiencia. La vida

misma es una experiencia de aprendizaje y tenemos oportunidades para madurar y mejorar todos los días. En el siguiente capítulo veremos cómo el lenguaje corporal puede ayudarte en este
sentido.

El cuerpo humano es la mejor imagen del alma humana.
—Ludwig Wittgenstein

Capítulo diez

El lenguaje corporal para el mejoramiento personal

Tu creciente conocimiento del lenguaje corporal te ayudará en muchas formas. La gente te encontrará más accesible y tus tratos con otras personas se volverán más tranquilos y más exitosos.

Puedes usar tus habilidades en el lenguaje corporal para encantar, cautivar e influenciar a otros. Desde luego, para hacer esto necesitas sentirte confiado. Prestar atención a tu lenguaje corporal te ayudará a sentirte en control en todo tipo de situación.

Cuando te sientes con confianza, tu postura refleja esto. De manera automática te pararás erguido, harás posturas abiertas, tendrás un buen contacto visual, sonreirás genuinamente en los momentos apropiados y evitarás los movimientos innecesarios. Tus hombros estarán paralelos a los hombros de la otra persona con la que hablas. No mirarás hacia abajo cuando dejes el contacto visual, ya que como sabes, esto te hace parecer sumiso. Respirarás lenta y profundamente, usando tu estómago y tu diafragma. Si te sientes ansioso, puedes incrementar tu confianza respirando lentamente y alterando tu lenguaje corporal para que muestre una postura más confiada.

Puedes hacer esto para todo lo que desees. Si te encuentras en una situación tensa o estresante, respira deliberadamente con mayor lentitud, párate o siéntate con una postura abierta, sostén tu cabeza en alto y mira directamente a la persona o personas con las que tratas.

También puedes usar afirmaciones. Las afirmaciones son declaraciones positivas cortas que se relacionan con todo lo que desees. Siempre son fraseadas en tiempo presente, como si ya tuvieses aquello que quieres. Puedes decirlas en silencio o en voz alta, cada vez que lo desees. "Tengo confianza", "Estoy tranquilo y relajado" y "Soy exitoso", son algunos ejemplos de afirmaciones. Es interesante que las afirmaciones dan resultados, ya sea que creas en ellas o no.

Deberías repetir tus afirmaciones tan a menudo como puedas y descubrirás que tu lenguaje corporal cambia para reflejar tus palabras. Puedes decir afirmaciones para ti mismo cada vez que desees. A menudo las digo (en silencio) mientras espero en una fila. Las digo en voz alta cuando voy conduciendo mi coche. Otro buen momento para decirlas es mientras estoy acostado en mi cama en la noche esperando dormir y de nuevo tan pronto como despierto en la mañana.

Al repetir estas afirmaciones tan a menudo como puedas, influirás en tus pensamientos. Ya que tu mente solo puede mantener un pensamiento a la vez, tus afirmaciones eliminarán con eficacia cualquier pensamiento negativo que puedas haber pensado. Los pensamientos contienen energía. Cuando llenas tu mente con afirmaciones positivas, de manera gradual te convertirás en la persona que deseas ser. Este es un ejemplo del antiguo refrán que dice que nos convertimos en lo que pensamos.

Una vez que has comenzado a tener el aspecto, necesitas comenzar a actuar como si ya poseyeras las cualidades que deseas. Esto no es difícil de hacer, ya que una vez que adoptas el lenguaje corporal de alguien que, por ejemplo, tiene confianza, de inmediato empezarás a sentirte confiado. Quizá puedas tener contratiempos en el camino. Cada vez que esto ocurra, asume la postura deseada y comienza de nuevo. Si continúas haciendo esto, llegarás a una etapa en la cual te sientas confiado la mayor parte del tiempo.

Puede ser una buena idea sentarte tranquilamente y visualizar una reunión u otro evento al que vas a asistir. En tu mente, imagínate a ti mismo exactamente como deseas ser. Observa tu poderosa postura abierta e imagínate a ti mismo interactuando con otras personas presentes en una manera confiada y amistosa.

El contacto visual

A muchas personas se les dificulta establecer un buen contacto visual con los demás. Esto por lo general se debe a timidez, poca autoestima y una falta de confianza. Infortunadamente, las personas que no establecen un buen contacto visual son consideradas de forma negativa y las otras personas podrían pensar que son deshonestas o que son esnobs.

Si establecer un buen contacto visual te resulta difícil, comienza practicando mirarte a los ojos en un espejo cuando estés solo. Esto debería ser fácil de hacer, ya que solamente te estás mirando a tus propios ojos. Sin embargo, esta es solo la primera etapa. Una vez que te puedas mirar de manera estable a tus ojos por al menos un minuto, pídele a un amigo de confianza que te ayude. Dile acerca de tu problema y pregúntale si puedes mirarlo a los ojos por todo el tiempo que te sea posible. Si la persona es un verdadero amigo, se sentirá feliz de ayudar.

Deberán sentarse, uno frente al otro y averiguar si pueden mirarse a los ojos el uno al otro por al menos 30 segundos. Cuando lleguen a la etapa de poder hacer esto sin ninguna dificultad, vean si pueden extender el tiempo a un minuto.

Después de hacer esto, es momento de practicar con extraños. Hay un gran número de personas en la sociedad que les encantaría intercambiar un contacto visual contigo. Camina por cualquier tienda grande y establece contacto visual con los vendedores mientras caminas al lado de ellos. Descubrirás que les encantará intercambiar un breve saludo contigo. Hay otro beneficio para hacer esto. Como parte de su entrenamiento, se les ha dicho que deben sonreír a los posibles clientes y esto te proporciona la oportunidad de sonreírles también. Si vas a comprar algo, solicita la ayuda de un vendedor. Esto te da la oportunidad de interactuar con un extraño. Tendrás la oportunidad de practicar el establecer un buen contacto visual al tiempo que recibes ayuda y recomendaciones respecto a aquello que planeas comprar.

Una vez que te vuelvas un experto en establecer contacto visual con los vendedores, amplía esto a otros extraños con los que interactúas en tu vida diaria. Establece contacto visual con tu mesero cuando salgas fuera a cenar. Haz lo mismo cuando vayas a cortarte el cabello. Podrías intercambiar unas cuantas palabras con alguien que espera por el mismo camión de pasajeros o el mismo metro que tú. Encontrarás muchas oportunidades de establecer contacto visual con las personas donde quiera que vayas.

Una vez que llegues a esta etapa, estarás haciendo un mejor contacto visual con las personas y esto cesará de ser un problema para ti.

Pon más expresión en tus ojos

Muchas personas van por la vida sin mostrar mucha emoción en sus ojos. Mientras te miras a los ojos en el espejo observa cuántas expresiones diferentes puedes mostrar en ellos. Podrás identificar entusiasmo, sorpresa, asombro, felicidad, sinceridad, buen humor, tristeza, enojo, empatía, escepticismo, coquetería, valentía y mucho más. Una vez que hayas experimentado con estas, pídele a tu pareja que intente interpretar las diferentes expresiones que puedes crear con tus ojos.

Otra buena forma de practicar esto es permitir que tus ojos expresen todas las emociones que sientes cuando miras un programa en la televisión.

Una vez que te sientes confiado con la emotividad que puedes revelar a través de tus ojos, lleva a la práctica esta habilidad. Las personas interpretarán tus emociones en tus ojos y reaccionarán favorablemente a ellas. Descubrirás que en respuesta casi todos invariablemente comenzarán a revelar más de sus sentimientos a través de sus ojos.

La sonrisa

Para un número sorprendente de personas es difícil sonreír. En realidad, ellas sonríen, pero es una sonrisa tan minúscula o tan breve que otras personas no logran verla. Con frecuencia, estas personas sienten que están sonriendo ampliamente y se sorprenden cuando alguien les dice que no sonríen.

Un abogado amigo mío me dijo recientemente que le es difícil sonreír. Tiene permanentemente una expresión adusta en su rostro y alguien le preguntó por qué se veía tan triste. Esto hizo que se revisara el rostro en el espejo y se dio cuenta que aunque se sentía muy feliz y contento se miraba en extremo triste. Le sugerí que rectificara esto sonriendo más a menudo.

"No puedo hacerlo. Cuando sonrío deliberadamente, mi sonrisa se siente forzada y antinatural. Estoy convencido que me hace parecer malvado", me dijo.

Le aseguré que lo he visto sonreír en muchas ocasiones y que con toda seguridad no parece una persona malvada. Le sugerí que regresara a su espejo y experimentara con una variedad de sonrisas diferentes.

Le dije: "Haz algunas sonrisas grandes. Y luego algunas pequeñas. Haz algunas sonrisas sexis y después intenta algunas sarcásticas. Efectúa un poco de sonrisas lascivas y haz unas pocas burlonas. Y asegúrate de hacer también algunas sonrisas falsas, ya que quiero que veas y sientas lo diferentes que son de las sonrisas genuinas. Finaliza riéndote frente al espejo por tanto tiempo como puedas".

Mi amigo intentó todo esto, en gran medida para la diversión de su esposa. El primer indicador de que había practicado el ejercicio llegó una semana después. Ambos pertenecemos al mismo club social y antes de la cena tomamos una bebida y charlamos. Él se encontraba de pie en un grupo cercano a mí y lo escuché reírse. Estaba sorprendido, volteé para comprobar que era mi amigo. Uno de los otros miembros había hecho una broma y él se había reído.

Yo estaba encantado, ya que esto significaba que su problema se había resuelto. A pesar de que aún es raro escucharlo reírse ruidosamente, sonríe mucho más de lo que solía hacer y además me dijo lo fáciles que son ahora sus relaciones con otras personas como resultado.

Eventos sociales

Muchas personas odian la idea de ir de fiesta, o a algún otro evento, donde no conocen a muchas personas. Por fortuna, tus destrezas en el lenguaje corporal te permitirán causar una buena impresión. Si sabes que no conocerás a muchas personas llega temprano. Esto quizá se escuche como un consejo extraño pero dará buenos resultados. En el lugar no habrá muchas otras personas en ese momento y podrás platicar con las otras personas que llegaron temprano. Esto significa que para el momento en que la fiesta empiece tú ya conocerás a varias personas y ellas te presentarán a sus amigos cuando estos lleguen. Esta es una buena manera de conocer personas si te es difícil presentarte a ti mismo a completos desconocidos en una fiesta.

Toma unas cuantas respiraciones profundas antes de entrar en el salón de la fiesta. Sonríe, mantén tu cabeza en alto y muéstrate con confianza. Una vez que estés adentro, haz una pausa y mira alrededor para ver si conoces a alguien con quien deseas hablar. Si hay alguna persona, acércate a ella solamente si el grupo en el que se encuentra parece que aceptará un nuevo miembro. Si es evidente que la persona sostiene una conversación profunda con alguien, quizá no desee ser interrumpida. En este caso, sonríe, establece contacto visual y saluda con la mano o di "hola" mientras pasas caminando.

Muévete al centro del salón. Es más probable que aquí conozcas gente importante, ya que las almas más tímidas se habrán reunido alrededor de las orillas de la fiesta. Muéstrate feliz mientras verificas si hay alguien que esté solo. Si hay alguien, acércate a la persona en un ángulo, sonríe, establece contacto visual y haz un comentario casual. Si caminas directamente hacia un extraño, este podría sentirse amenazado e incómodo. También es importante tomar la iniciativa y no estar preocupado acerca de realizar el primer acercamiento. Existe la posibilidad de que la otra persona se sienta aliviada de platicar contigo en lugar de sentirse incómoda parada sola.

Si descubres algo en común, podrías platicar con esta persona durante varios minutos. Si no hay ninguna conexión, discúlpate y encuentra a alguien más con quien hablar.

Con tu sonrisa cautivadora y una postura abierta, conocerás algunas nuevas personas interesantes y quizá puedas hacer nuevas amistades.

Diciendo adiós

Decir adiós es algo que merece pensarse, ya que la impresión es que las personas con las que pasaste un rato se quedan solas una vez que te vas. Una buena despedida es tan importante en los encuentros informales como en las reuniones de negocios o en una conversación por teléfono. Cuando las personas tienen prisa por irse, en ocasiones olvidan despedirse con gracia y sinceridad.

Las despedidas no deben ser apresuradas. Intercambia algunos elogios y utiliza un tono de voz cariñoso. Amplia un poco tu contacto visual, sonríe y haz contacto físico con un apretón de manos, un abrazo o algún otro gesto de despedida que sea apropiado para la situación.

Aun cuando lo hemos mencionado brevemente, hemos dejado hasta el final uno de los aspectos más útiles del lenguaje corporal. Este es determinar si alguien está mintiendo o no. Este importante aspecto del lenguaje corporal, mentir y engañar, es el tema de nuestro siguiente capítulo.

A veces es necesario mentir deplorablemente
en el interés de la nación.
—Hilaire Belloc

Capítulo once

Mentiras y engaños

Tanto los hombres como las mujeres mienten, pero mienten acerca de temas diferentes. Los hombres con frecuencia mienten cuando tratan de convencer a otras personas que son más exitosos o fascinantes de lo que en realidad son. Las mujeres mienten con frecuencia para proteger los sentimientos de otras personas y para ayudar a sentirse mejor. Jerald Jellison, sicóloga social de la Universidad del Sur de California, cree que otras personas nos dicen mentiras unas 200 veces al día.[1]

No siempre es posible decir si alguien te está mintiendo. Algunas personas son extremadamente buenas para mentirle a otras y muestran muy poco en la forma de filtraciones. Un gran número de investigaciones demuestra que la mayoría de las personas son capaces de detectar las mentiras deliberadas solo poco más del 50% de las veces. Esto les brinda a los mentirosos una enorme ventaja, ya que saben que podrán salirse con la suya con sus mentiras casi la mitad de las veces.

Conozco a alguien que dice mentiras incluso cuando sería más sencillo decir la verdad. Esta persona lleva un tipo de existencia como la de Walter Mitty y con frecuencia fantasea acerca de su vida y de lo que hace. Incluso cuando no está mintiendo, cualquier historia que cuenta es exagerada a la *n* potencia. Es una persona insegura y hace esto para reforzar su ego y su autoestima. Lo he conocido durante más de 40 años y estoy convencido que se cree sus mentiras cuando las dice. Por consiguiente, es raro ver cualquier filtración de lenguaje corporal. Debido a esto, alguien que lo conozca por primera vez creería sus historias, ya que es un mentiroso muy bueno.

Por fortuna, la mayoría de las personas no son muy buenas mintiendo y su engaño se puede captar en su lenguaje corporal. Cuando interrogas a alguien que piensas está mintiendo asegúrate de tener una vista clara de su rostro, cuerpo y piernas. Al hacer esto, será más probable que localices las acciones incongruentes. Como siempre, necesitas observar un grupo de gestos.

Imitación

La imitación se puede encontrar en cualquier lugar donde las personas se llevan muy bien unas con otras. Es un método bien conocido conseguir identificarse con otras personas. De hecho, es demasiado bien conocido ya que incluso se enseña en los lugares de citas románticas. La mayoría de las personas que lo hacen conscientemente se delatan ellas mismas ya que se vuelven demasiado cohibidas o demasiado obvias de lo que están haciendo.

Es interesante que los mentirosos por lo general no imitan el lenguaje corporal de la otra persona. Por ejemplo, si te inclinas hacia adelante el mentiroso se haría hacia atrás. Por consiguiente, la ausencia de imitación puede ser una pista de que la persona sufre de estrés o de que podría estar mintiendo.

Lenguaje corporal torpe

Alguien que no está acostumbrado a mentir probablemente se delate a sí mismo ya sea al intentar no hacer ningún gesto con sus brazos y piernas o por otro lado hacer gestos que parecen torpes.

Alguien que miente posiblemente esté inquieto moviéndose, ya que esto ayuda a aliviar el estrés ocasionado por la mentira. Golpetear con los dedos, pies en movimiento, retorcerse las manos y golpetear con los dedos de los pies, son indicadores de estrés y ansiedad.

La respiración

Decir mentiras es estresante para la mayoría de las personas. Por consiguiente, es común que los mentirosos hagan una inhalación profunda y luego exhalen rápidamente. Hacen esto porque el estrés repentino ocasiona que el sistema nervioso autónomo del cuerpo se mueva al máximo cambio de velocidades. Tomar una respiración profunda ayuda a proveer oxígeno para la sangre y esto ayuda a aliviar el estrés.

El color de la piel

Muchas personas, yo mismo incluido, se sonrojan cuando dicen una mentira. El problema con esto es que tan pronto como te das cuenta que te sonrojaste la situación empeora y tu rostro se enrojece aún más. Esto se nota más en las personas con la piel blanca, pero las personas de todas las razas y colores muestran un torrente de sangre en la superficie de la piel cuando están inventando una historia.

La transpiración

El estrés afecta a las personas en diferentes formas. Muchas personas comienzan a transpirar cuando dicen una mentira. Las gotas de sudor comienzan a formarse en el labio superior de la persona y luego aparecen en su frente, lo que es una señal de engaño.

Los mentirosos con frecuencia también tienen las manos sudadas. Por ello se limpiarán sus manos con su ropa en un intento por secarlas.

La transpiración ocasionada por el estrés aparece sin importar cuál sea la temperatura de la habitación. Debido a que comienzan a sentirse con calor, los mentirosos se pueden aflojar los cuellos de sus camisas y ajustar otros artículos de su ropa para sentirse más fríos de nueva cuenta. Todas estas son señales de engaño.

Estremecimientos

Debido al incremento de la tensión muscular, algunos mentirosos comienzan a estremecerse y a sentirse inquietos. Esto es ocasionado por el miedo de ser atrapados al decir una mentira. Las personas que comienzan a estremecerse de esta manera podrían, por ejemplo, tener dificultades para levantar y llevar una taza de café a sus labios, ya que sus manos y brazos se sentirán fuera de control.

Contracciones musculares

Las contracciones musculares involuntarias, en especial en las sienes, las mejillas y los párpados, son otra señal de estrés extremo y pueden ser un indicador de que la persona miente o está ocultando información valiosa. Estas contracciones por lo general aparecen en un lado del rostro de la persona.

Asimetría

Cualquier gesto o expresión que no ocurre uniformemente en ambos lados del rostro podría ser una señal de engaño. Una sonrisa torcida, una fosa nasal ensanchada y un hombro encogido son algunos ejemplos de esto. Es importante recordar que las emociones genuinas por lo general se muestran en el rostro de forma simétrica. La única excepción a esto es el desprecio en el que un lado de la boca hace una mueca.

Microexpresiones

Las microexpresiones, las expresiones fugaces que cruzan por el rostro en una fracción de segundo, proporcionan pistas valiosas sobre cómo se siente una persona acerca de alguien o algo. Ya que son casi imposibles de controlar, son unas pistas valiosas para cualquiera que busque señales de engaño.

La postura

La postura de los mentirosos por lo general encaja en una de dos clases de mentirosos. La primera clase inclina su cabeza hacia un lado, oculta sus manos, se mueve inquieto, encoge sus hombros, arrastra sus pies y se balancea hacia atrás y hacia adelante. Sus ojos parecen furtivos y parpadea con rapidez.

Es muy interesante que la segunda clase sea casi lo opuesto. Apenas si se mueven. Permanecen de pie o sentados de una manera fija y rígida. Incluso su mirada no se mueve y es directa. Si están sentados, sus manos descansan en sus regazos y no se mueven.

Sin embargo, los mentirosos habituales no encajan en ninguna de estas clases. Ellos parecerán relajados, sonreirán de manera cautivadora, establecerán un buen contacto visual y querrán estar físicamente cerca de ti. Si sospechan que los has identificado, comenzarán a consolarse ellos mismos tocándose de diversas formas. Por ejemplo, podrían acariciarse el cabello, frotarse sus manos o cruzar sus brazos. También podrían exponer hacia arriba las palmas de sus manos en un gesto de súplica, como si suplicaran que les creyeras.

Evitando el contacto físico

Los mentirosos tienden a evitar el contacto físico cuando mienten. Pueden permanecer un poco más lejos de lo que normalmente están de la persona a la que le mienten.

Estrés

Los mentirosos inexpertos a menudo sufren de estrés cuando se ven obligados a decir una mentira. Pueden experimentar un incremento en el ritmo cardíaco, falta de aire, estremecimientos y transpiración abundante. Sus rostros se pueden sonrojar o quizá les ocurra lo opuesto y palidezcan. Podría haber un cambio en la manera como hablan. Podrían hablar más fuerte o más quedo o quizá les sea difícil concentrarse lo suficiente para coordinar las palabras. Podrían volverse más emocionales y parecer irracionales.

La mejor manera de tratar con las personas en este estado es que tomes unas cuantas respiraciones lentas y profundas y hables con ellos tranquila y calmadamente. Si es necesario, sugiere que ellos tomen varias respiraciones profundas. Ofréceles asiento y un vaso con agua, y háblales tranquilamente hasta que se calmen.

El estrés se puede convertir en agresión. Si esto ocurre, permanece tan calmado y relajado como te sea posible y habla tranquilamente. Mantén tu postura abierta. Si te encuentras de pie o sentado directamente frente a la persona, cambia la posición a una que implique menos confrontación. Si ambos están de pie, sugiere sentarte para dialogar sobre el problema. Escucha con atención lo que la persona enojada tiene que decir. No lo interrumpas y utiliza el lenguaje corporal para demostrar que estás escuchando. Cuando la persona ha terminado de hablar, responde de una manera calmada. Mantén un buen contacto visual, pero sé cuidadoso de no agravar la situación mirando fijamente a sus ojos durante mucho tiempo.

La cabeza

Los pequeños movimientos involuntarios de la cabeza proporcionan pistas útiles acerca de un posible engaño. Si alguien te dice que te ama, pero al mismo tiempo su cabeza se mueve de un lado a otro como para indicar "no", el movimiento de cabeza será correcto. Asimismo, si alguien dice, "no hablé con ella", mientras que al mismo tiempo asiente ligeramente con su cabeza, el movimiento de la cabeza será correcto.

Otra señal de un posible engaño ocurre cuando alguien que hasta ese momento mantenía un buen contacto visual, voltea su cabeza hacia otro lado mientras habla.

Muchos mentirosos asienten con la cabeza con frecuencia cuando están diciendo mentiras. Esto se efectúa en un intento por lograr que la otra persona acepte la mentira.

La frente

La frente y el labio superior son los primeros sitios donde se junta un rocío de sudor para indicar el grado de estrés que sufre alguien. Esto puede ser una señal de que la persona está mintiendo.

Otro indicador ocurre si la frente se eleva para mostrar sorpresa. Es posible que la persona esté sorprendida de ser descubierta.

Los ojos

A las personas les resulta difícil mirar a otras personas cuando están diciendo una mentira. Esto no es de sorprender ya que los ojos pueden entregar involuntariamente grandes cantidades de información. Los ojos de la persona pueden parpadear con mayor rapidez que lo normal cuando está diciendo una mentira. Al contrario, pueden hacer algo totalmente opuesto y la persona podría usar una mirada fija sin parpadeo y rehusarse a detener el contacto visual. El estrés puede ocasionar un número mayor de parpadeos pero los mentirosos son capaces de disminuir el número de parpadeos. Los mentirosos habituales no tienen ningún escrúpulo respecto a mentir y por lo tanto no sufren ningún estrés o tienen miedo de ser descubiertos. La doctora Samantha Mann, una sicóloga de la Universidad de Portsmouth, descubrió que cuando la policía entrevistaba a los sospechosos, estos hacían más pausas en sus declaraciones y parpadeaban 18.5 veces por minuto. Cuando estaban diciendo la verdad parpadeaban un promedio de 23.6 veces por minuto.[2]

O. J. Simpson tuvo un promedio bajo de parpadeos cuando fue enjuiciado por asesinar a su esposa y a Ron Goldman. Bill Clinton también tuvo un promedio bajo de parpadeos cuando le dijo al mundo que no había tenido una relación sexual con Mónica Lewinsky.[3] En contraste, el exsenador estadunidense John Edwards parpadeó muy rápido cuando negó que tenía una aventura romántica.[4]

Algunas personas incluso cierran sus ojos cuando dicen una mentira. Esto es para impedir que el oyente vea la verdad revelada en sus ojos.

Algunos mentirosos miran de reojo y fruncen el ceño cuando se les interroga acerca de un posible engaño. Sus ojos mirarán fijamente al acusador y se mostrarán enojados de que sus palabras sean puestas en duda.

Si alguien es descubierto diciendo una mentira, sus ojos se abrirán ampliamente y el blanco de los ojos será visible por encima del iris, la parte coloreada del ojo.

Es una señal de incomodidad si alguien de improviso cambia la dirección de su mirada. Esto puede ser una señal de estar mintiendo.

La mayoría de las personas miran hacia abajo cuando dicen una mentira, cuando son descubiertas mintiendo o se sienten culpables de algo que hicieron. Hacen esto para evitar mirar el enojo o el desencanto o la apariencia dolida de la otra persona.

Algunos hombres se frotarán sus ojos mientras dicen una mentira. Las mujeres son más inclinadas a frotarse suavemente justo debajo de sus ojos. Ambos son intentos subconscientes para ocultar sus ojos, de manera que no se pueda ver ninguna maldad.

Las pupilas invariablemente se contraen cuando las personas mienten. No hay forma de impedir que esto ocurra, pero los mentirosos experimentados tratan de sentarse o de estar de pie en posiciones donde sus ojos estén fuera del alcance de la luz directa y así no puedan ser observados. Muchos mentirosos, así como los apostadores y los negociadores, usan lentes oscuros para ocultar las acciones involuntarias de los ojos.

La nariz

El indicador más común de que alguien pudiera estar mintiendo es tocarse, rascarse o jalarse la nariz. Cuando alguien dice una mentira, el estrés ocasiona que los vasos capilares de la nariz se expandan debido al incremento del flujo de sangre en el área. Cuando éramos niños, aprendimos que la nariz de Pinocho crecía cada vez que decía una mentira. No era el único, ya que el incremento en el flujo de sangre ocasiona que la nariz de todos se expanda temporalmente cuando dicen una mentira. Además de esto, las membranas de la mucosa se secan, lo que ocasiona incomodidad y en consecuencia comezón.

La oreja

En lugar de rascarse la nariz, algunas personas se rascan o se jalan una oreja cuando están diciendo mentiras.

La boca

Podría ser una señal de engaño cuando el labio superior de alguien comienza a sudar. Este será el caso especialmente si la temperatura no es lo suficiente calurosa para ocasionar que la persona sude.

Los niños se cubren sus bocas cuando dicen una mentira. La mayoría de las personas aprende a controlar esto cuando llegan a la edad adulta, pero un número sorprendente de personas se llevan las manos a la boca cuando dicen una mentira. En ocasiones, las manos se desvían a las mejillas, el costado de la boca, las orejas, el mentón o la nariz. Tocarse la boca es una señal común de ansiedad, en especial en personas que se sienten nerviosas acerca de algo que acaban de decir o que están por decir.

Lamerse los labios puede ser una señal de que alguien está diciendo una mentira. El aumento del estrés ocasiona que la saliva en la boca se seque cuando las personas dicen una mentira y que necesiten lamerse sus labios para proporcionar más saliva.

Algunas personas parecen tragarse sus mentiras literalmente y esto se puede ver por la tensión que se presenta en los músculos de la garganta. En los hombres, la manzana de Adán se moverá hacia arriba y hacia abajo cuando esto ocurre. Lamerse constantemente los labios y tragar saliva con frecuencia por lo general aparecen juntos y son un indicador excelente de que la persona miente. Aclararse con frecuencia la garganta, si es acompañada por otros indicadores, puede ser una señal de que la persona está mintiendo.

Muchos mentirosos se limpian su boca con la palma abierta. Esto es casi como si se estuvieran limpiando cualquier residuo de mentiras.

Morderse el labio superior también puede ser una señal de que la persona miente. Sin embargo, esto necesita interpretarse en el contexto. Muchas personas se muerden sus labios superiores cuando están pensando acerca de algo.

Una sonrisa falsa, torcida, con frecuencia es una señal de engaño. Si intentas determinar si alguien miente o dice la verdad, observa los ojos de la persona cuando sonríe. A muchas personas les resulta imposible tener una sonrisa genuina cuando están mintiendo. Se calcula que solo una persona de cada diez puede fingir con éxito una sonrisa verdadera. Esto se debe a que es difícil controlar los músculos delgados alrededor de los ojos.[5]

La voz

Muchos mentirosos se delatan con sus voces. El tono podría cambiar un poco o la voz podría sonar tensa o temblorosa cuando hablan. También podrían necesitar aclararse la garganta con frecuencia.

La mandíbula

Una mandíbula que se presenta muy apretada es otro ejemplo de lo que el cuerpo hace cuando alguien se encuentra sufriendo de estrés. A menudo esto es acompañado de una contracción muscular involuntaria.

La manzana de Adán

Muchas personas tienen necesidad de lubricar sus gargantas y tragar saliva antes de decir una mentira. Esto es más sencillo de detectar en los hombres ya que su manzana de Adán se mueve y los delata.

Las manos

Como regla, las personas exponen las palmas de sus manos cuando dicen la verdad. Cuando mienten, con frecuencia lo que hacen es ocultar sus manos. Podrían sentarse encima de ellas, colocarlas muy profundo en sus bolsillos o bien ocultarlas detrás de un escritorio. Incluso podrían doblar los dedos en el puño para ocultarlos.

Podrían apretar sus manos, sujetarlas con firmeza a una mesa o a los descansos de los brazos o agarrarse la parte superior de los brazos, para impedir que las manos se muevan. La tensión que experimentan con frecuencia es claramente visible en las manos.

Muchos mentirosos pueden encoger las manos, esto ocurre cuando las manos son tendidas y rotadas para exponer las palmas. Este es un gesto interesante, ya que es casi como si el mentiroso tratara de ganarse la compasión debido a que fue descubierto mintiendo.

Los niños se cubren la boca con sus manos después de decir una mentira. Los adultos han aprendido a no hacer esto, pero a menudo sienten la necesidad de llevar una mano a su rostro. En lugar de cubrir su boca, podrían frotarse la nariz o la oreja, o tocarse otra parte del rostro.

El abdomen

Algunos mentirosos experimentan un dolor repentino en su abdomen ocasionado por estrés. Esto por lo general es acompañado por una necesidad urgente de visitar el baño. En los casos extremos, el dolor ocasiona que las personas sientan náuseas y que incluso vomiten.

Movimiento de los pies

Es frecuente que las personas dejen de moverse por completo de la cintura hacia arriba cuando están diciendo una mentira. Miran directamente a la persona a la que le están mintiendo sin parpadear. Sus codos se mantienen cerca de sus costados y sus manos pueden estar sujetas.

Sin embargo, aun cuando pueden mantener quieta la mitad superior del cuerpo, les es casi imposible impedir que sus piernas y sus pies se muevan de un lado a otro. Pueden cruzar y descruzar continuamente sus piernas, dar golpecitos con los dedos de los pies o arrastrarlos.

Cómo mentir

A todos nos han hecho creer que mentir es malo y que siempre debemos decir la verdad. Como resultado de esto, la mayoría de la gente se siente culpable cuando dice una mentira y estos sentimientos se revelan en nuestro lenguaje corporal.

Un estudio británico encontró que los hombres mienten aproximadamente seis veces al día, mientras que las mujeres mienten tres veces.[6] Este estudio realizado en 2000 personas también reveló que la mentira más común es una que nos decimos a nosotros mismos: "No pasa nada malo, estoy bien". Las personas mienten por diversos motivos. Podría ser un intento por ganarse el respeto. Alguien que conozco le dice a la gente que es un vendedor de autos cuando en realidad pasa sus días arreglando coches para revenderlos. La mayoría de las personas mentirán para no herir los sentimientos de alguien. Un hombre podría meterse en serios problemas si su esposa le pregunta si su nuevo vestido la hace ver gorda del trasero y él cree que sí. Los hombres y las mujeres con frecuencia se dicen mentiras entre ellos cuando se conocen ya que desean crear una buena primera impresión. La mayoría de las mentiras son relativamente inofensivas y ayudan a que la vida sea más tranquila. Ya que estas "mentiras blancas" por lo general se dicen por buenos motivos, es importante que otras personas las crean.

Como sabes, es difícil mentir con éxito, ya que tu sistema nervioso autónomo conspira en tu contra, ocasionando enrojecimiento del rostro, sudor en los labios superiores, la frente y las palmas, boca seca, garganta que pica y comezón en la nariz. Requiere una gran cantidad de esfuerzo y práctica controlar todo esto. Este es el motivo por el cual muchas personas son descubiertas debido a los cambios en sus patrones al hablar. Pueden hablar con lentitud, cometer errores en sus palabras o tardarse más de lo usual para responder una pregunta. Sus movimientos se vuelven más lentos. Les es difícil o imposible, imitar la postura de otra persona. Es difícil hablar y moverse con naturalidad cuando estás tratando de controlar todo lo demás.

Asumiendo que tienes tu sistema nervioso autónomo bajo control, aquí hay algunas otras cosas que necesitas saber si vas a decir una mentira.

Si es posible, prepara tu mentira con anticipación. Esto te brinda la oportunidad de determinar con exactitud lo que vas a decir y cómo lo vas a decir. Practica visualizándote mientras dices la mentira. Date cuenta de la postura que asumes y cámbiala si es necesario. Obsérvate a ti mismo diciendo la mentira y a esta siendo aceptada por la otra persona. Entonces mírate saliendo de la situación y sabiendo que tu mentira fue aceptada.

Cuando llegue el momento de decir la mentira, no incrementes el contacto visual. Si lo haces y en especial si también fallas en parpadear, es probable que la otra persona note el cambio. Los niños tienden a mirar a otro lado cuando dicen una mentira. Por consiguiente, los adultos mentirosos piensan que incrementar la cantidad de contacto visual los volverá más creíbles. Pero este no es el caso.

Mantén la postura de tu cuerpo lo más normal que te sea posible. Los mentirosos tienden a poner tiesos sus cuerpos y a parecer más rígidos de lo normal. Si por lo común eres animado, el cambio repentino será un fuerte indicio de que mientes. Incluso si tus gestos normales se restringen, cualquiera que te conozca podrá detectar los cambios en tu cuerpo.

Cuando las personas están estresadas, su respiración cambia y efectúan frecuentes respiraciones superficiales que pueden delatarlas. Para evitar esto, toma varias respiraciones lentas y profundas antes de entrar al sitio donde dirás una mentira. Exhala antes de decir la mentira. Hacer esto te permite liberar la tensión antes de hablar. Esto también te hará sonar normal, ya que el tono de tu voz puede cambiar cuando estás nervioso y sometido a presión.

Habla con normalidad. Hacer pausas prolongadas o no hacer ninguna pausa, puede ser considerado como una señal de engaño. Tartamudear o usar en exceso "ooh..." y "eeh..." también puede provocar que la persona dude de lo que dices.

No te muevas inquieto. Los mentirosos tienden a mover sus brazos y piernas demasiado. Las manos pueden sujetar los brazos por un momento y luego pueden desaparecer dentro de los bolsillos y después una reaparecerá y tocará la cara y así sucesivamente. Tocar cualquier parte del rostro, pero en especial la nariz y la boca, son indicadores de un posible engaño. En lugar de moverte inquieto, mantén tus brazos a tus costados o en tu regazo. Los movimientos excesivos de brazos y manos, así como una completa falta de ellos, hacen que la gente sospeche.

Haz un uso moderado de los gestos con la palma abierta. Las palmas son una señal de franqueza, honestidad e integridad. La mayoría de las personas instintivamente confían en las personas que hacen gestos con la palma abierta. Las personas que ocultan sus palmas podrían estar diciendo mentiras. Por consiguiente, si dices una mentira, expón la palma abierta, pero hazlo con moderación. Si lo haces en exceso, esto despertará sospechas, en especial si no estás en control total de las respuestas de tu sistema nervioso autónomo.

Mantén las manos fuera de tus bolsillos, ya que deseas que estén visibles. Los gestos de tus manos deben ser tan naturales como sea posible. Cuando las personas están estresadas tienen la tendencia a usar gestos de consuelo repetitivos como tocarse el cuello, acariciarse su cabello o retorcerse las manos, para reducir el estrés. Todos estos gestos revelarán el estrés que intentan ocultar y posiblemente sean considerados como señales de engaño.

Si debes hacer algo con tus manos, deja que las puntas de tu dedo pulgar y tu dedo índice se toquen. La sensación de toque ayudará a reducir el estrés y si lo necesitas, puedes mover un poco tu dedo pulgar y tu dedo índice para reducirlo todavía más.

204 • *Lenguaje corporal*

Los actores a menudo hacen esto antes de salir al escenario para reducir el miedo escénico.

Cuando es posible, los mentirosos experimentados ocultan la mitad inferior de sus cuerpos detrás de un escritorio. Esto oculta cualquier movimiento involuntario de las piernas y los pies. Además, el escritorio actúa como una barrera que ayuda al mentiroso a sentirse más cómodo.

Puedes impedir que tus pupilas se contraigan cuando dices una mentira. La mejor forma en que puedes hacer esto es mantener tu rostro en un lugar que haga difícil para otras personas ver alguna señal en tus ojos.

Los mentirosos en ocasiones se delatan al final de un interrogatorio. Una vez que este termina, aparece en su rostro una expresión de alivio. Evita esto y verás que te has escapado con tu mentira por esta ocasión.

Conclusión

Ahora conoces qué acciones hablan con más fuerza que tus palabras. Una cita famosa atribuida a Ralph Waldo Emerson (1803-1882), el poeta y ensayista estadunidense, dice así: "Lo que eres habla con tanta fuerza que no puedo escuchar lo que dices". Esto muestra que las personas te juzgarán por tus acciones. Los pequeños actos de cortesía a menudo son recordados por toda la vida. El lenguaje de tu cuerpo refleja exactamente quién eres, ya que tus acciones provienen directamente de tus pensamientos más íntimos.

Este es el motivo por el cual tantas figuras retóricas se relacionan con el lenguaje corporal. Las personas se sonrojan con la vergüenza, encogen sus hombros con la indiferencia, golpetean sus dedos con la impaciencia, levantan una ceja con la incredulidad, aprietan sus dientes, ponen rígido su labio superior, tiemblan con rabia y se paralizan con el miedo.

Ahora tienes una comprensión mejor de cómo todos nosotros nos damos a conocer a los demás sin decir una sola palabra. Quizá hayas modificado tu comportamiento o hayas hecho algunos cambios a la forma como te paras, caminas o te sientas para transmitir lo que deseas que otros vean. Todas las personas ajustan su comportamiento para tratar de ajustarse a lo que se requiere en ese momento. Por ejemplo, alguien que está petrificado respecto a hablar en público tratará de parecer tranquilo y confiado mientras se sube al escenario.

También estarás prestando atención al lenguaje corporal de las otras personas, tanto en la televisión como en la vida real, y comenzarás a comprender las motivaciones y sentimientos de otras personas. Puede ser de gran utilidad ver una situación desde el punto de vista de la otra persona. Esto te permite efectuar mejores juicios, sentir más empatía y tener una vida más equilibrada y armoniosa.

Si te resulta difícil interpretar el lenguaje corporal de una persona en particular, hazle caso a tus sentimientos e impresiones. Tu reacción instintiva inicial por lo general será correcta, a pesar de que podrías no saber lógicamente por qué algo se siente correcto o erróneo. Aprendí hace varios años a hacerle caso a mi intuición cada vez que la lógica me indicaba una dirección y mi intuición otra. Mi intuición casi siempre es correcta. La tuya también lo será.

Desde luego, también deberás usar la lógica, basada en lo que has aprendido acerca de la comunicación sin palabras. Si todavía sientes que el lenguaje corporal de la persona es difícil de interpretar, haz tú mismo el gesto y ve qué se siente. Esto te ayudará a conseguir mayor comprensión de lo que la persona experimentaba cuando hizo el gesto.

No obstante, requiere tiempo llegar a ser diestro en la interpretación del lenguaje corporal, ya que hay mucho que aprender y comprender. Tu lenguaje corporal actual se desarrolló durante toda una vida así que requiere tiempo y esfuerzo cambiar. Tendrás la tendencia a recaer en viejos patrones de comportamiento de vez en cuando. Esto no tiene importancia. Sencillamente recuerda los cambios que deseas hacer y continúa trabajando en ellos hasta que se conviertan en una parte natural de tu comportamiento diario. También verás que tu confianza y tu autoestima se incrementarán según vayas descubriendo que puedes sentirte más relajado en todo tipo de situaciones utilizando tus habilidades para el lenguaje corporal.

También es probable que sorprendas a las personas que has conocido por mucho tiempo. A algunas de ellas quizá no les agraden los cambios que estás haciendo. Cuando esto ocurra, diles el motivo por el cual haces estos cambios y pídeles que te ayuden al decirte en privado sobre cualquier error que pudieses cometer.

La mejor forma de efectuar los cambios en tu lenguaje corporal es concentrarte en un aspecto a la vez. Por ejemplo, podrías comenzar con tu postura y luego continuar con el contacto visual y lo que haces con tus manos y brazos. Comenzarás a notar casi de inmediato las reacciones de los demás a estos cambios y esto te animará a continuar efectuando cambios hasta que te conviertas en la persona que quieres ser. Cada cambio pequeño incrementa tu confianza y vuelve más sencillo de efectuar el siguiente cambio. Cambiar tu lenguaje corporal hará una enorme diferencia en tu vida. Tendrás mejores relaciones con otras personas, te sentirás más confiado y en control, serás más accesible, así como más comprensible y tolerante con los demás. También te volverás mucho más carismático. Las personas desearán pasar más tiempo contigo, ya que se sentirán más cómodas y relajadas en tu compañía. Influirás más en las personas, tendrás dominio y seguridad en ti mismo. Es una travesía que te permite aprovechar al máximo tus oportunidades y lograr todo lo que deseas.

Por fortuna, es sencillo practicar el lenguaje corporal. Observar a las personas es una actividad fascinante y tú podrás observar el lenguaje corporal de la gente donde quiera que vayas. Puedes aprender mucho respecto al lenguaje corporal estando una hora o dos en un aeropuerto o en un centro comercial.

Puede ser fascinante observar el lenguaje corporal de los políticos, estrellas del deporte y actores de la televisión. Sin embargo, es posible que estas personas hayan recibido entrenamiento sobre cómo presentarse ante los demás. Podría ser de mayor utilidad observar el lenguaje corporal de las personas en los noticieros o en los programas de casos de la vida real. Disfruto mirar la televisión con el sonido apagado y por lo común puedo decir qué está ocurriendo a partir de las señales sin palabras que usan las diferentes personas.

El conocimiento del lenguaje corporal ha enriquecido y mejorado mi vida en muchas formas. Si continúas trabajando en él, sé que hará lo mismo por ti.

Cuida tu cuerpo. Es el único lugar que tienes para vivir.
—Jim Rohn

Apéndice
Salud y lenguaje corporal

Ahora que puedes interpretar el lenguaje corporal de otras personas y has realizado los cambios deseados a tu comunicación sin palabras, es momento de prestar atención a los mensajes que tu cuerpo te está diciendo.

Nuestro cuerpo envía de manera constante mensajes que pueden ser interpretados por otras personas. La gente que no sabe nada de la comunicación sin palabras permanece sin darse cuenta de estos mensajes. Nuestros cuerpos también nos envían mensajes silenciosos que nos informan cuando algo está mal en el aspecto de la salud. De nueva cuenta, las personas que no están familiarizadas con esto permanecen bastante inconscientes de las posibles razones emocionales detrás de su dolor.

Un dolor de cabeza de tensión, ocasionado por estrés y presión, es una experiencia común y la mayoría de las personas se toma una aspirina para tratar de escapar a la situación estresante por un rato. El dolor de cabeza es un mensaje del cuerpo que nos dice que debemos alejarnos de aquello que nos causa el estrés.

Por desgracia, muchas personas no pueden hacer esto. Si el estrés es ocasionado por una situación particular en el trabajo, quizá no sea posible alejarse de la situación. El remedio es encontrar un nuevo empleo o, si esto no es posible, necesitarás aprender a manejar el problema sin estresarte.

Ya que nuestros cuerpos son instrumentos delicados que responden a todo lo que ocurre en nuestras vidas, es importante conocer la conexión entre nuestros estados emocionales y nuestros síntomas físicos. Durante muchos años, trabajé como osteópata y mis clientes se sorprendían constantemente sobre cómo podía relacionar cada vértebra en la espina a un problema específico. Por ejemplo, el dolor en la espalda baja a menudo está relacionado con problemas financieros.

Con frecuencia, parecía que el cuerpo de la persona me proporcionaba en silencio información que me hablaba sobre sus miedos, creencias y sentimientos sin expresar. Pronto aprendí que muchas personas, ya fuera por temor o desconfianza, no deseaban hablar de ello. Deseaban una cura para el dolor inmediato, pero no estaban preparadas para enfrentar aquello que lo causaba en primer lugar. Por consiguiente, algunas de ellas se volvieron clientes asiduos, debido a que mientras continuaban atorados en sus miedos y emociones negativas, sus cuerpos seguían enviándoles mensajes de que algo estaba mal ocasionándoles dolores de espalda y cuello.

Todos tenemos la intención de tener salud y una buena condición física. Cuando nos enfermamos, la causa más probable es un desequilibrio en alguna parte del cuerpo, posiblemente ocasionada por emociones suprimidas y una falta de amor propio. Por lo general, nuestros cuerpos han estado tratando de informarnos acerca del problema, pero hemos fracasado en escucharlo. Debido a que no escuchamos, entonces el cuerpo ocasiona que experimentemos dolor y este nos obliga a hacer algo al respecto.

Aquí hay algunas de las señales que tu cuerpo puede enviarte, junto con la posible causa del problema:

- Dolores de cabeza: Conflicto, estrés, presión y resentimiento.
- Migrañas: Demasiada presión en uno mismo, perfeccionismo.

- Ojos: No querer ver algo. Glaucoma: Incapacidad para expresar emociones. Cataratas: Visión sombría del futuro. Hipermetropía: Mirar el futuro e ignorar el presente. Miopía: Incapacidad para poner las cosas en perspectiva. Visión borrosa: Pérdida de la perspectiva.
- Oídos: No querer escuchar. Ignorar mensajes del cuerpo.
- Cuello: Rigidez, controlando en enfoque. Falta de flexibilidad.
- Garganta: Incapacidad para expresar el yo interior. Resistirse al cambio. Reprimirse.
- Hombros: Llevar una carga muy pesada. Renuencia a dejar ir.
- Espalda: Sentirse sin apoyo; sentir lástima por uno mismo; un enfoque demasiado serio de la vida. Espalda baja: Presiones financieras. Espalda media: Aceptar demasiadas responsabilidades. Espalda alta: Problemas emocionales; dificultades para dar y recibir amor.
- Corazón: Dificultades para dar y recibir amor; falta de alegría en la vida diaria.
- Pulmones: Aflicción suprimida; no sentirse lo suficientemente bueno; abrumado.
- Estómago: Indispuesto a aceptar nuevas ideas; incapaz de soportar algo.
- Páncreas: Dificultad para expresar los pensamientos y sentimientos más íntimos.
- Hígado: Problemas con sentimientos y emociones.
- Vejiga urinaria: Nerviosismo, aprehensión, miedo de dejar ir.
- Coxis: Problemas de supervivencia. Dependencia, indisposición para dejar ir.
- Manos: Problemas para acercarse a otros. Mano derecha: Problemas para dar. Mano izquierda: Problemas para recibir.

- Codos: Punto de vista inflexible hacia la vida. Resentimiento.
- Caderas: Testarudez y obstinación.
- Piernas: Indisposición para progresar y avanzar.
- Rodillas: Testarudez. Dolor y resentimiento en la infancia.
- Tobillos: Miedo a la sensualidad y la sexualidad.
- Pies: Problemas para mantener los pies en la tierra.

Por ejemplo, si alguien tiene una rodilla adolorida, podría deberse a un resentimiento que comenzó en la infancia, pero también podría haber sido ocasionada por habérsela torcido cuando jugaba algún deporte o al hacer un movimiento inesperado. Algunas personas afirman que todos los dolores tienen una causa sicológica y que un dolor en la rodilla se relaciona con problemas en la infancia, sin importar qué fue lo que lo causó. Esto bien podría ser verdad en ocasiones, pero no estoy de acuerdo en que esta sea la causa en todos los casos de dolor.

Ejercicio para aliviar el dolor

Si sufres de algún dolor en alguna parte de tu cuerpo, pregúntale, puedes pedirle a este que te ayude a comprender cuál es el problema y por qué razones lo estás experimentando. Este es un proceso sencillo que la mayoría de las personas piensan es relajante y agradable.

Prográmate para apartar al menos 30 minutos y asegúrate que nadie te vaya a molestar. La habitación debe estar razonablemente cálida, pero no calurosa; tú debes vestirte con ropa holgada. Debes sentarte en un asiento cómodo o acostarte en el piso si lo deseas. Podrías hacer este ejercicio acostado en una cama. Yo no puedo acostarme en una cama, ya que me da sueño con demasiada facilidad e invariablemente me quedo dormido. No tengo este problema cuando me acuesto en el piso.

1 Efectúa varias respiraciones profundas, sosteniendo el aire por algunos segundos antes de exhalar. En cada exhalación, di en silencio: "Me relajo, me relajo, me relajo".

2 Concéntrate en los dedos de tu pie izquierdo y diles que se relajen. Puedes sentir una sensación de hormigueo mientras se relajan. Una vez que los dedos estén relajados, deja que la relajación pase a tu pie y hacia arriba a tu tobillo. Repite esto con el pie derecho, hasta que sientas ambos pies relajados por completo.

3 Concéntrate en tu pie izquierdo de nuevo y deja que la relajación suba hacia arriba a tu pierna, a la rodilla y a tu muslo. De nueva cuenta, repite esto con el pie derecho.

4 Deja que la relajación suba a tu abdomen y pecho. Tómate el tiempo que necesites para sentirte totalmente relajado en estas áreas.

5 Deja que la relajación baje por todo tu brazo izquierdo hasta las yemas de tus dedos. Repite esto con tu brazo derecho.

6 Deja que la relajación pase a tu cuello y rostro. Presta una atención particular a los músculos pequeños alrededor de tus ojos y haz que se relajen por completo antes de dejar que la relajación pase a la parte superior de tu cabeza.

7 Ahora te encuentras relajado por completo. Mentalmente revisa tu cuerpo para ver si hay alguna parte que no esté totalmente relajada. Concéntrate en estas áreas hasta que se relajen.

8 Deja que tu atención se mueva a la parte de tu cuerpo que experimenta el dolor. El ejercicio de relajación podría haber hecho que el dolor desapareciera temporalmente, pero tú sabes dónde está. Mientras te concentras en esta parte de tu cuerpo, pregúntate en silencio: "¿Por qué estoy sintiendo el dolor en mi... (la parte del cuerpo donde sientes el dolor)?". Deja ese pensamiento y dis-

fruta la relajación en tu cuerpo. Después de unos pocos segundos puede aparecer un pensamiento en tu mente que te ayudará a aclarar la razón para el dolor. Si esto ocurre, continúa disfrutando la relajación por tanto tiempo como desees y luego continúa con el paso 10.

9   Si la respuesta no llega después de un minuto o dos, haz la pregunta de nuevo. Una vez que hayas hecho esto, concéntrate en la relajación placentera en todo tu cuerpo. Es importante que no te estreses o exijas una respuesta. Si la respuesta no te llega mientras haces el ejercicio de relajación, entonces te llegará más tarde. Si la respuesta no llega la segunda vez que preguntas, aguarda un minuto o dos y pregunta de nuevo.

10   Mientras te encuentras en este estado tranquilo y relajado, envía una curación a la parte afectada de tu cuerpo. Puedes hacer esto de varias formas. A mí me gusta visualizar una luz blanca, pura y curativa que entra en mi cuerpo a través de la parte superior de mi cabeza, la cual cura todas las partes de mi cuerpo, incluyendo el área donde experimento el dolor. En ocasiones, visualizo una sensación cálida que rodea por completo el área y proporciona energía sanadora. En otras ocasiones, he visualizado a mi ángel guardián tocando el área y enviando curación divina a ella. Podrías visualizar el área de dolor volviéndose más y más pequeña hasta que desaparece. No hay ninguna diferencia en cómo lo haces. La parte importante es enviar de manera consciente amor y energía curativa a la porción de tu cuerpo que lo necesita.

11   Continúa disfrutando la relajación por tanto tiempo como desees y luego concluye el ejercicio haciendo tres respiraciones lentas y profundas, abre tus ojos, estírate y luego continúa con tus actividades diarias. Come y bebe algo, poco después que hayas finalizado el ejercicio.

Mientras llevas a cabo este ejercicio, podrías haber comprendido por qué experimentas ese dolor. Muchas personas logran esto, pero otras no. No obstante, debido al ejercicio, la información que buscas puede aparecer en tu mente durante el día o podrías recibirla tan pronto como despiertes en la mañana.

Si es necesario, repite el ejercicio, pero en lugar de hacer una pregunta, pide un símbolo que te ayude a comprender el motivo por el que sufres el dolor. Además, si el área implicada se encuentra en la lista mencionada con anterioridad, piensa acerca de las palabras claves asociadas con ella, y ve si estas te ayudan a proporcionarte la respuesta.

Tu cuerpo responderá a tus preguntas, pero las respuestas pueden llegar cuando menos las esperes. Sé paciente y la respuesta llegará.

Ayudando a otros
a controlar el estrés

El estrés se acumula durante un cierto tiempo y en ocasiones otras personas se dan cuenta del problema antes de que el afectado se percate. Existen varias pistas en el lenguaje corporal que pueden alertar a las otras personas acerca del problema.

La persona puede parecer tensa la mayor parte del tiempo. Podría mostrar irritación al encoger sus hombros, moverse inquieta, mirar hacia el cielo o suspirar. Podría estar inusualmente sensible. Podría verse apático y tener una expresión abatida la mayor parte del tiempo. Si la persona está deprimida, podría estar un poco encorvada. Podría temblar cuando está sometida a presión.

La persona estresada experimentará una diversidad de síntomas que pueden incluir músculos tensos, incremento en el ritmo cardiaco, indigestión, náusea, agotamiento y problemas para dormir.

A menudo, la persona estresada no deseará hablar de sus problemas con otras personas. Si es necesario, sugiérele algún tipo de terapia, ayuda médica o un descanso en el trabajo. Debes estar dispuesto a pasar un cierto tiempo con la persona y escuchar todo lo que tiene que decir. Sé útil, cariñoso, comprensivo y empático con la persona.

Notas

Capítulo Uno

1 Mike Nicol, "Carceleros de Nelson Mandela" (Fundación Nelson Mandela, sin fecha). www.nelsonmandela.org/images/uploads/Nelson_Mandelas_Warders.pdf

2 Esta cita famosa de Cary Grant se puede encontrar en varios lugares, incluyendo *The New York Times*, www.nytimes.com/1988/11/03/arts/review- television-how-and-why-cary-grant-was-like-no-one-else.html

3 Vittorio Gallese, Luciano Fadiga, Leonardo Fogassi y Giacomo Rizzolatti, "Reconocimiento de la acción en la corteza premotora". Artículo publicado en *Brain*, Volumen 119, Emisión 2, 593-609 (Oxford: Oxford University Press, 1996). Disponible en Internet en: http://brain.oxfordjournals.org/ content /119 /2 /593. full.pdf.

Capítulo Dos

1 Jonathan Cole, *About Face* (Cambridge, Massachusetts: The MIT Press, 1998), 50.

2 Daniel Goleman, *Inteligencia emocional*, (Nueva York: Bantam Books, Inc., 1975), 13-20.

3 Eva Krumhuber, Antony S. R. Manstead y Arvid Kappas, "Aspectos Temporales de Demostraciones Faciales en Personas y Percepción de la Expresión: Los Efectos de la Dinámica de la Sonrisa, Inclinación de la Cabeza y el Género". Artículo publicado en *Journal of Nonverbal Behavior*, 31:39-56 (Dordrecht, Holanda: Spinger Science + Business Media, LLC, 2007).

4 E. A. Haggard y K. S. Isaacs, "Expresiones Faciales Micro Momentáneas como Indicadores de los Mecanismos del Ego en Sicoterapia". Artículo publicado en *Métodos de investigación en sicoterapia*, editado por L. A. Gottschalk y A. H. Auerbach, (Nueva York: Appleton Century Crofts, 1966), 154-165. Existen numerosas reproducciones de esto en Internet, incluyendo: http://www.starpulse.com/news/index. php/ 2009/ 10/ 22/ david_bowie_s_mismatched_eyes_were_the_r_1.

5 Desmond Morris, *El hombre desnudo* (Londres: Jonathan Cape, 2008), 64-65.

6 Paul Ekman, *Emociones reveladas* (Nueva York: Henry Holt and Company, 2003), 14-15.

7 John Nolte, *El cerebro humano: Una introducción a su anatomía funcional*, (Filadelfia: Mosby, Inc., 1999), 431-432.

8 Ken Cooper, *Comunicación sin palabras para el éxito en los negocios* (Nueva York: AMACOM, 1979), 75.

9 Marianne LaFrance, *Servicio de los labios: Sonrisas en la vida, la muerte, la confianza, las mentiras, el trabajo, la memoria, el sexo y la política* (Nueva York: W. W. Norton & Company, 2011), XI.

10 Nathan A. Fox y Richard J. Davidson, "Asimetría del Encefalograma en Respuesta a la Aproximación de un Extraño y la Separación Maternal en Niños de 10 Meses". Artículo publicado en *Developmental Psychology*, Vol. 23 (2), marzo 1987, 233-240.

11 G. B. Duchenne de Boulogne (Traducido y editado por R. Andrew Cuthbertson), *El mecanismo de la expresión facial* (Nueva York: Cambridge University Press, 1990), 277-279. (Publicado originalmente en francés en 1862.)

12 E. Krumhuber, A. S. R. Manstead y A. Kappas, "Aspectos Temporales de Demostraciones Faciales en Personas y Percepción de la Expresión: Los Efectos de la Dinámica de la Sonrisa, Inclinación de la Cabeza y el Género". Artículo publicado en *Journal of Nonverbal Behavior*, 31:39-56 (Springer Science + Business Media, LLC, 2007). http://psych. cf. ac.uk/home2/manstead/2007_K,%20 M,%20K,%202007,%20Journal%20of%20nonverbal%behavior,%2031,%20 p39.pdf.

13 Stanley Milgram, "Estudio Conductual de la Obediencia". Artículo publicado en *Journal of Abnormal and Social Psychology* 67 (4), 1963, 371-378. Un relato completo de este experimento y 19 variaciones de este, se pueden encontrar en: Stanley Milgram, *Obediencia a la autoridad: Una observación experimental* (Nueva York: Harper & Row, Inc., 1974).

14 Stanley Milgram, "Estudio Conductual de la Obediencia". Artículo publicado en *Journal of Abnormal and Social Psychology* 67 (4), 1963, 375. Este artículo se puede encontrar en Internet en: www.columbia.edu/cu/psychology/terrace/ w1001/readings/milgram.pdf

15 Roger E. Axtell, *Gestos: Los hechos y los tabúes del lenguaje corporal en todo el mundo* (Nueva York: John Wiley & Sons, Inc., 1991), 72.

Capítulo Tres

1 Roger E. Axtell, *Gestos: Los hechos y los tabúes del lenguaje corporal en todo el mundo* (Nueva York: John Wiley & Sons, Inc. Edición revisada, 1998), 46.

2 www.chevrolet.co.uk/experience-chevrolet/news/2010/news/news-details2010-18.html.

3 Rosemary Pennington, "Estrechando las Manos en el Mundo Musulmán". Artículo publicado en *Voces musulmanas* (Diciembre 24, 2009). muslimvoices.org/ shaking-hands-muslim-world.

Capítulo Seis

1 Max A. Eggert, *El lenguaje corporal para los negocios* (Nueva York: Skyhorse Publishing, 2012), 36-37.

2 Janine Willis y Alexander Todorov, "Las Primeras Impresiones: Tomando una Decisión después de una Exposición a 100 M. de un Rostro". Artículo publicado en *Psychological Science* 17 (Thousand Oaks, California: Sage Publications. Julio 2006), 592. http:/pss.sagepub.com/content/17/7/592.abstract.

Capítulo Siete

1 Tiffany Field, Miguel Diego y María Hernández-Reif, "Terapia de Masaje para Infantes Prematuros: Una Revisión" (Publicado en *Infant Behavior Development*, abril 2010), 33, 2[0], 115-124. www.ncbi.nlm.nih.gov/pmc/articles/PMC2844909.

2 M. J. Hertenstein, D. Keltner, B. App, B. A. Bulleit y A. R. Jaskola, "El Tacto Comunica Emociones Distintas". Artículo publicado en *Emotion*, agosto 6, 2006, (3): 528-533.

3 Nicolas Guéguen, "El Efecto de un Contacto Táctil Accidental de una Mujer en el Comportamiento Posterior del Hombre". Artículo publicado en *Social Behavior and Personality: An International Journal*, volumen 38, número 2 (Scientific Journal Publishers, 2010), 257-266.

4 Guéguen y J. Fischer-Lokou, "Contacto Táctil y Ayuda Espontánea: Una Evaluación en un Escenario Natural". Artículo publicado en *Journal of Social Psychology*, Diciembre 2003, 143(6), 785-787.

5 www.tipping.org/tips/megatips.pdf.

6 R. G. Harper, A. N. Wiens y J. D. Matarazzo, *Comunicación sin palabras: Los últimos avances* (Nueva York: John Wiley & Sons, Inc., 1978), 297.

7 www.clivejames.com/pieces/dreaming/paul-keating.

8 Michael Thornton, "El Mejor Amigo de Uno: La Reina, Michelle y el nuevo protocolo sentimental". Artículo publicado en *MailOnline* (Mayo 3, 2012). www.dailymail.co.uk/femail/article-1166490/ones-new-best-friend-The-Queen-michelle-new-touchy-feely-protocol.html.

Capítulo Ocho

1 http://www.zoominfo.com/#!search/profile/person? personId=101438980&targetid=profile.

2 J. Hanna, "Postura de Poder: Fíngela Hasta que Tengas Éxito". Artículo publicado en *Harvard Business School Working Knowledge*, septiembre 20, 2010. hbswk.hbs.edu/item/6461.html.

3 Jeremy I. Skipper, Susan Goldin-Meadow, Howard C. Nusbaum y Steven L. Small, "Gestos Asociados con el Habla, área de Broca y el sistema de espejo humano". Artículo publicado en *Brain and Language* 101 (3), 2007. 260-277. Disponible en Internet en: http://www.ncbi.nlm.nih.gov/pmc/articles/PMC2703472/.

4 Brendan Marrocco, citado en "Soldado Recibe Doble Trasplante de Brazos y está Impaciente por una Vida Independiente", por Alex Domínguez. Artículo publicado en *Time*. Enero 30, 2013.

Capítulo Nueve

1 Mónica M. Moore, "Patrones de Coqueteo Sin Palabras en Mujeres: Contexto y Consecuencias". Artículo publicado en *Ethology and Sociobiology 6* (Nueva York: Elsevier Science, 1985), 237-247.

2 Joan Kellerman, James Lewis y James D. Laird, "Mirando y Amando: Los Efectos de la Mirada Mutua en los Sentimientos del Amor Romántico". Artículo publicado en *Journal of Research in Personality* 23:2 (Nueva York: Elsevier, Junio 1989), 145-161.

3 G. C. Gonzaga, R. A. Turner, D. Keltner, B. C. Kampos y M. Altemus. "El Amor Romántico y el Deseo Sexual en Vínculos Íntimos". Artículo publicado en *Emotion*, 6 (2) (Washington, D. C.: Emotion, mayo 2006), 163-179.

4 "Qué Tan Común es el Divorcio y Cuáles son las Razones". Artículo anónimo (Universidad de San Agustín, sin fecha). www.divorce.usu.edu/files/uploads/Lesson3.pdf.

Capítulo Once

1 Jerald Jellison, citado en James Geary, "Cómo Detectar a un Mentiroso". Artículo publicado en *Time Magazine Europa*, Marzo 13, 2000. www.time.com/time/world/article/0,8599,2051177,00.html.

2 Roger Dobson y Ed Habershon, "Los Mentirosos No Parpadean: Se mantienen Quietos y se Concentran Mucho". Artículo publicado en *The Sunday Times* (Londres), marzo 19, 2006. Disponible en Internet: www.timesonline.co.uk/tol/news/uk/article742788.ece.

3 J. J. Teece, "El Lenguaje Corporal de los Criminales" (Febrero 25, 2009), www.bowdoin.edu/ bowdoin-breakfast/pdf/1-body-language-pdf.

4 "Cómo Descubrir Si Alguien Miente". Artículo anónimo (septiembre 8, 2009). abcnews.go.com/GMA/Books/story?id=5747450.

5 Mary Suenwald, "La Fisiología de las Expresiones Faciales". Artículo publicado en *Discover* (Enero 2005). discovermagazine.com/2005/jan/physiology-of-facial-expressions.

6 "Encuentra Estudio que Los Hombres Mienten Seis Veces al Día y el Doble que las Mujeres". Artículo anónimo publicado en *The Daily Mail*, septiembre 14, 2009. Disponible en Internet en: www.dailymail.co.uk/news/article-1213171.html.

Lecturas sugeridas

Ardrey, Robert. *El imperativo territorial*. Londres. William Collins, 1967.

Argyle, Michael y Mark Cook. *La mirada y la mirada mutua*. Cambridge, UK. Cambridge University Press, 1976.

Axtell, Roger E. *Gestos: Los hechos y los tabúes del lenguaje corporal en todo el mundo*. Nueva York. John Wiley & Sons, Inc. 1991. Edición revisada, 1998.

Beattie, Geoffrey. *El pensamiento visible: La nueva sicología del lenguaje corporal*. Nueva York. Routledge, 2004.

Berne, Eric. *Los juegos que la gente juega*. Nueva York, Grove Press, 1964.

Birdwhistell, R. L. *Kinésica y contexto*. Londres. Allen Lane, 1971.

Borg, James. *Lenguaje corporal: Siete lecciones fáciles para dominar el lenguaje silencioso*. Harlow, UK. Pearson Education Limited, 2008.

Colton, Helen. *El don del tacto: Cómo el contacto físico mejora la comunicación, el placer y la salud*. Nueva York. Putnam Publishing Group, 1983.

Darwin Charles. *La expresión de las emociones en el hombre y los animales*. Londres. John Murray, 1872.

Eggert, Max A. *El lenguaje corporal para los negocios*. Nueva York. Skyhorse Publishing, 2012.

Ekman, Paul. *Diciendo mentiras: Consejos para engañar en el comercio, la política y el matrimonio*. Nueva York. W. W. Norton, Inc., 1991.

_____. *Desenmascarando el rostro: Una guía para reconocer las emociones de las expresiones faciales*. Englewood Cliffs, Nueva Jersey. Prentice-Hall, 1975.

Fast, Julius. *Lenguaje corporal*. Londres. Pan Books Limited, 1971.

_____. *El lenguaje corporal en el lugar de trabajo*. Nueva York. Penguin Books, 1991.

Field, Tiffany. *Tacto*. Cambridge, Massachusetts. MIT Press, 2003.

Hall, Edward T. *La dimensión oculta: Un antropólogo examina el uso en los humanos del espacio en público y en privado*. Nueva York. Doubleday & Company, 1966.

Harper, R. G., A. N. Wiens y J. D. Matarazzo, *Comunicación sin palabras: Los últimos avances*. Nueva York. John Wiley & Sons, Inc., 1978.

Hay, Louise. *Tú puedes curar tu vida*. Carlsbad, California. Hay House, Inc., 1984.

LaFrance, Marianne. *Servicio de los labios: Sonrisas en la vida, la muerte, la confianza, las mentiras, el trabajo, la memoria, el sexo y la política*. Nueva York. W. W. Norton & Company, 2011.

Lieberman, David J. *Puedes descubrir a cualquiera: Que nunca vuelvan a engañarte, mentirte o aprovecharse de Ti*. Lakewood, Nueva Jersey. Vitor Press, 2007.

Mehrabian, Albert. *Comunicación sin palabras*. Piscataway, Nueva Jersey. Transaction Publishers, 2007.

_____. *Mensajes silenciosos: Comunicación implícita de emociones y actitudes*. Belmont, California. Wadsworth, 1971. Segunda Edición, 1981.

Meyer, Pamela. *Detección de mentiras: Técnicas comprobadas para detectar engaños*. Nueva York. St. Martin's Press, 2010.

Morris Desmond, *Observación del cuerpo: Una guía práctica para la especie humana*. Londres. Jonathan Cape Ltd., 1985.

_____. *El hombre desnudo*. Londres. Jonathan Cape Ltd., 2008.

_____. *La mujer desnuda*. Londres. Jonathan Cape Ltd., 2004.

Morrison, Terri y Wayne A. Conaway. *Beso, reverencia y apretón de manos: La guía exitosa para hacer negocios en más de 60 países*. Avon, UK. Adams Media, 2006.

Nierenberg, Gerard I. y Henry H. Calero. *Cómo leer a una persona como si fuese un libro*. Nueva York. Pocket Books, 1971.

Pease, Allan. *Lenguaje corporal: Cómo leer los pensamientos de otros mediante sus gestos*. Avalon Beach, Australia. Camel Publishing Company, 1981.

Ribbens, Geoff y Greg Whitear. *Lenguaje corporal*. Londres. Hodder Arnold, 2007.

Webster, Richard. *Lectura del rostro rápida y sencilla*. Woodbury, Minnesota. Llewellyn Publications, 2012.

TÍTULOS DE ESTA COLECCIÓN

Impreso.en los talleres de
MUJICA IMPRESOR, S.A. de C.V.
Calle camelia No. 4, Col. El Manto,
Deleg. Iztapalapa, México, D.F.
Tel: 5686-3101.